基于核心素养的道德与法治项目式学习探究

阮鹉萍／著

U0806545

辽宁人民出版社

© 阮鹂萍 2024

图书在版编目(CIP)数据

基于核心素养的道德与法治项目式学习探究 / 阮鹂萍著.—沈阳：辽宁人民出版社, 2024.9

ISBN 978-7-205-11183-0

Ⅰ.①基… Ⅱ.①阮… Ⅲ.①政治课—教学研究—小学 Ⅳ.①G623.102

中国国家版本馆CIP数据核字(2024)第101927号

出版发行：辽宁人民出版社

地址：沈阳市和平区十一纬路25号 邮编：11003

电话：024-23284321(邮 购) 024-23284324(发行部)

传真：024-23284191(发行部) 024-23284304(办公室)

http://www.lnpph.com.cn

印 刷：沈阳海世达印务有限公司

幅面尺寸：170mm×240mm

印 张：15.25

字 数：205千字

出版时间：2024年9月第1版

印刷时间：2024年9月第1次印刷

责任编辑：张天恒 王晓筱

装帧设计：识途文化

责任校对：吴艳杰

书 号：ISBN 978-7-205-11183-0

定 价：68.00元

前 言

笔者从事小学道德与法治教学研究近20年，历经“思想品德”“品德与生活（社会）”“道德与法治”三个不同时期学科更名与教材改版，亲历一线课堂进行课程改革实验，对2011年版品德与生活（社会）课程标准与2022年版道德与法治课程标准做过详细的解读与研究。近两年，针对新版课标提出的学科核心素养在课程实施中的具体落实，笔者带领团队进行多角度、多方位的实践与探索，最终将落脚点聚焦于项目式学习上。之所以作出这样的定位，一方面是缘于项目式学习在各学段、各学科教学实践中所展现出来的强大优势，另一方面则是缘于道德与法治学科性质与项目式学习的高度适配。目标锁定之后便是全力前行，一路且行且思，且思且得，遂萌发将研究与实践所得梳理成文与更多的同行进行分享和交流，是为本书成文之因由。

本书分为八章，第一章从理论入手探讨项目式学习于学科核心素养培育的重要价值；二、三两章着重阐述红色文化和中华优秀传统文化主题、社会实践主题的项目式学习设计；四、五两章是基于信息技术和跨学科理念的项目式学习实施；六、七两章探讨项目式学习的作业设计与学习评价，最后一章是结论与展望。

诚然，本书的成书过程确实也遇到很多困难。实践层面，如何将中华优秀传统文化和红色文化等课程内容按项目化学习设计重构学生学习方式，并进行科学评价；理论层面，如何从核心素养的角度验证典型案例的可行性。好在有福安道德与法治学科团队与进修校教研同人鼎力相助，让以上困难一一得以化解。笔者力求让本书既有理论深度，又不乏鲜活生动的案例，行文尽可能通俗易懂，以期贴近一线教师的工作实际，相信对于各地教研员及在小学道德与法治学科教育教学与专业成长的教师具有一定的参考价值，也希望这本书能对小学道德与法治课堂教学改革，对小学道德与法治教师的专业发展起到积极的作用。

2024年4月

阮鹉萍

目　录

第一章 项目式学习对于学科核心素养培育的重要价值

根据《义务教育道德与法治课程标准（2022年版）》，小学道德与法治学科以培育学生的核心素养为目的，而传统小学道德与法治教学方法存在着诸多问题，例如，传统的教学方法往往以传授知识为中心，忽视了学生的主动性和参与性。此外，过于注重知识的灌输而忽略了学生的情感和价值观的培养，导致学生对道德与法治的学习产生了抵触心理。而学生在被动接受知识的过程中，很难形成对于价值观和行为准则的深入理解和内化。针对这些问题，项目式学习可以作为一种创新的教学方法来弥补传统教学的不足。通过项目式学习，学生能够主动参与到学习过程中，积极探索和构建知识。他们可以选择感兴趣的主题或问题，并通过实践任务来进行研究和解决。这样的学习方式能够激发学生的学习兴趣和主动性，使他们对道德与法治的学习产生更大的投入和积极性。

在项目式学习中，学生需要运用多种技能和知识，如调查研究、数据分析、团队合作等，来完成项目任务。通过这样的学习过程，学生能够全面发展自己的能力，培养批判思维、解决问题和创新的能力。同时，项目式学习也注重学生的情感和价值观培养，通过实践任务的设计，可以引导学生思考和探讨道德问题，培养他们的道德意识和价值判断能力。然而，项目式学习的实施也面临一些挑战。教育工作者需要精心设计项目任务，确保任务的目标明确、步骤合理，并提供适当的指导和支持。同时，评估方法也需要相应调整，以评估学生在项目中的表现和学习成果。此外，项目式学习还需要充足的教育资源和其他支持，包括教师培训、教材教具等方面的支持。因此，各位专家学者可以进一步研究项目式学习在小学道德与法治课程中的具体实施策略和效果评估，为教育实践提供更多有益的指导和建议。通过持续的研究和探索，我们可以不断改进教学方法，提升学生的学习效果和素养培养，为他们成为有道德意识和法治意识的公民作出更大的贡献。

为解决这些问题，本书在小学道德与法治的教学过程中使用项目式学习的方法，大大提升了教学效果，项目式学习有以下优点：首先，项目式学习注重学生的主动参与和实践活动，通过探究和解决实际问题，培养学生的核心素养。其次，项目式学习强调学生的合作与沟通能力，激发学生的创造力和深入探索思维。再次，项目式学习注重学科知识的综合应用，使学生能够将所学知识应用到实际问题中，并培养解决问题的能力。通过项目式学习，学生能够获得深刻的学习体验，形成积极的学习态度和行为习惯。

在小学道德与法治的教学过程中使用项目式学习方法，将有助于提升学生的核心素养，基于项目式学习特点，本书在中华优秀传统文化和红色文化融入小学道德与法治学科的项目式学习的课程设计、实施策略方面作出了一定探索，目的是更好地培育学生的核心素养。中华优秀传统文化中蕴含着丰富的道德和法治原则，通过项目式学习可以使学生更深入地理解和领悟这些原则。例如，在中华优秀传统文化主题项目中，学生可以通过展开节日习俗调查研究，了解其中的道德规范与法治意义。而红色文化则具有鲜明的道德追求和法治意识，通过以红色文化为基础的项目式学习，学生可以更好地感受到爱国主义、集体主义和社会主义核心价值观的力量。

项目式学习是一种以学生为主体的学习方法，旨在给学生提供在实际项目中运用所学知识和技能的机会。学科核心素养培育是指培养学生在特定学科领域中所需的知识、技能和态度。首先，项目式学习能够帮助学生将学科知识与实际应用相结合。通过参与项目任务，学生能够将所学的学科知识应用到实际情境中，解决真实的问题。这种实践性的学习方式能够加深学生对学科知识的理解和掌握，提高他们的学习动机和兴趣。其次，项目式学习能够培养学生的综合能力和跨学科思维。在项目中，学生需要运用多种学科的知识和技能进行合作和创新。他们需要进行调研、分析数据、提出解决方案等，这要求他们具备综合素质和跨学科思维能力。通过项目式学习，学生能够培养解决问题的能力、创新思维和团队合作精神，为他们未来的学习和工作打下坚实的基础。此外，项目式学习还能够培养学生的深入探索思维和自主学习能力。在项目中，学生需要对问题进行分析和评估，提出自己的观点和解决方案。这促使他们发展深入探索思维，学会独立思考和自主学习。他们不再仅仅是被动地接受知识，而是能够主动探索和构建知识，培养自主学习的习惯和能力。因此，项目式学习在学科核心素养培育中具有重要的价值。它能够帮助学生将学科知识应用到实际问题中，培养综合能力和跨学科思维，以及培养深入探索思维和自主学习能力。通过项目式学习，学生能够获得更加深入和全面的学习体验，为他们未来的学习和发展奠定坚实的基础。下面将详细论述项目式学习在学科核心素养培育中的重要价值。

一是实践与应用能力培养。通过项目式学习，学生将所学的知识与具体项目结合起来，在实践中应用和运用所掌握的学科核心素养。这样可以帮助学生更深入地理解学科知识，并培养解决实际问题的能力。项目式学习对于提高学生的实践能力具有显著的效果。首先，项目式学习通过将学科知识与实际问题相结合，为学生提供实践的机会。在项目中，学生需要主动参与解决问题的过程，通过实际操作和实践来应用所学知识。这种实践性的学习方式能够帮助学生更加深入地理解学科知识，并将其转化为实际应用的能力。其次，项目式学习强调学生在实践中的角色转变。传统的学习方式往往是学生被动地接受教师的指导和知识传递，而项目式学习则要求学生主动参与实践活动，充当解决问题者和团队成员的角色。在项目中，学生需要自主制定学习目标、规划实施方案、分工合作，并通过实践不断调整和改进。这样的实践过程不仅培养了学生的自主性和责任感，还提高了他们的实践能力和解决问题能力。最后，项目式学习注重学生的实际参与和反思。在项目中，学生需要积极主动地参与实践活动，并实时反思自己的学习过程和成果。通过反思，学生可以意识到自身在实践中的不足之处，并找到改进的方法和策略。这样的反思实践过程有助于学生不断提高自己的实践能力，增强解决问题的能力和创新思维。综上所述，项目式学习通过提供实践机会，强调学生主动参与和反思，有效地提高了学生的实践能力。这种实践性的学习方式能够使学生更加深入地理解学科知识，并将其应用于实际问题的解决中，培养学生解决问题的能力、创新思维和团队合作能力。

二是跨学科综合能力发展。项目式学习通常需要学生跨学科地调动各种知识和技能来完成任务。这样的学习环境可以促进学生的跨学科综合能力的发展，使他们能够综合运用各个学科领域的知识。项目式学习在提高学生的综合能力方面具有重要作用。首先，项目式学习鼓励学生跨学科地运用各种知识和技能来解决问题。项目通常需要学生综合运用多个学科领域的知识，例如数学、科学、语言等，从而促使学生在不同学科间建立联系和整合知识。这样的学习方式培养了学生的跨学科综合能力，使他们能够灵活运用多个学科的知识来应对复杂的问题和挑战。其次，项目式学习促进了学生的深入探索思维和解决问题能力的发展。在项目中，学生需要面对现实世界中的复杂问题，并进行分析、推理和判断。他们需要主动思考和提出解决方案，而不仅仅是被动地接受老师给出的答案。最后，项目式学习注重学生的合作与沟通能力的培养。在项目中，学生通常需要与团队成员合作，共同完成任务。通过合作，学生学会倾听他人观点，尊重不同意见，并有效地沟通和协作。这些合作与沟通的技能对于学生的综合能力和职业发展至关重要，因为现实世界中的工作往往需要与他人合作解决复杂的问题。总之，项目式学习通过跨学科综合能力的培养、深入探索思维和解决问题能力的发展，以及合作与沟通能力的培养，有助于提高学生的综合能力。这种学习方式培养了学生在不同学科领域中的综合应用能力，激发了他们的创新思维和解决问题的能力，并提高了他们的团队合作和沟通能力。这些综合能力对于学生未来的学习、工作和生活都具有重要意义。

三是提高学生的创新思维。在项目式学习中，学生需要面对各种复杂的问题和挑战，需要提出创新的解决方案。这培养了学生的创新思维和解决问题的能力，使他们成为具有独立思考和创造性思维的学习者。项目式学习对于提高学生的创新思维和解决问题能力具有显著的影响。首先，项目式学习鼓励学生主动思考和提出创新解决方案。在项目中，学生需要面对实际问题，通过调研、分析和实践，寻找创新的方法和策略来解决问题。这种主动思考和探索的过程培养了学生的创新意识和创造力，在解决问题中能够提出新颖、独特的解决方案。其次，项目式学习培养了学生的深入探索思维和解决问题能力。在项目中，学生需要进行问题分析和评估，确定解决问题的步骤和策略。他们需要运用逻辑推理和深入探索思维能力，对不同方案进行评估和选择。通过这样的实践，学生的解决问题能力得到了锻炼，他们能够更加理性和有效地解决复杂的问题。此外，项目式学习提供了一个创造性的环境，在这个环境中，学生被鼓励尝试新的想法和方法。在项目中，学生有机会通过实践和实验来发现新的解决方案，尝试不同的方法和策略。这种创造性的实践过程可以激发学生的创新思维，鼓励他们不断探索和改进。总之，项目式学习通过鼓励学生主动思考和提出创新解决方案，培养他们的创新意识和创造力。同时，项目式学习通过培养深入探索思维和解决问题能力，使学生能够更加理性和有效地解决问题。此外，项目式学习提供了一个创造性的环境，激发学生的创新思维和探索精神。通过这样的学习方式，学生的创新思维和解决问题能力得到了全面的提升。这些能力对于他们在未来面对各种挑战和解决问题具有重要的意义。

四是提升学生的合作与沟通能力。项目式学习常常需要学生合作完成任务，这培养了学生的合作和沟通能力。在项目中，学生需要与团队成员合作，分工协作，有效地沟通，共同解决问题。这些能力对于学生的个人发展和未来职业成功都具有重要意义。项目式学习对于提升学生的合作与沟通能力有着积极的影响。首先，项目式学习鼓励学生进行团队合作。在项目中，学生需要与同伴一起共同解决问题，分担任务和责任，并协调彼此的工作。通过与他人的合作，学生能够学会倾听、尊重他人的意见，并学会在团队中发挥个人的长处，共同追求项目的成功。这样的合作经验不仅培养了学生的团队合作精神，还促进了他们与他人的良好关系。其次，项目式学习强调沟通交流的重要性。在项目中，学生需要与团队成员进行频繁的交流，分享自己的想法和进展，协商解决问题的方案。这种交流过程促使学生学会清晰地表达自己的观点，并倾听他人的意见和建议。通过与他人的交流，学生不仅能够提升自己的表达能力和倾听能力，还能够培养尊重他人观点和合作解决问题的能力。最后，项目式学习提供了一个实践的平台，让学生在合作与沟通的过程中不断学习和改进。通过实际操作和交流，学生能够发现合作中的问题，并寻找解决方案。这样的实践过程不仅使学生对合作与沟通的重要性有着深刻的认识，还能够培养他们在实际情境中运用所学知识和技能的能力。总之，项目式学习通过鼓励学生进行团队合作，培养了他们的团队合作精神和与他人合作的能力。同时，项目式学习强调沟通交流的重要性，促使学生提升表达能力、倾听能力和尊重他人观点的能力。通过实践的平台，学生能够在合作与沟通中不断学习和改进。这些能力对于学生的个人发展和未来职业发展具有重要的意义。

五是培养学生的问题意识。项目式学习的核心是解决实际问题。通过项目式学习，学生能够更好地认识到学科知识对于解决实际问题的意义和应用，增强他们在学习中的动机和兴趣。项目式学习在提升学生问题意识方面具有重要作用。首先，项目式学习提供了一个解决实际问题的环境。在项目中，学生需要面对真实的问题，并通过调研、分析和实践来解决这些问题。这样的学习方式让学生意识到学科知识对于解决实际问题的重要性，激发了他们对问题的敏感性和好奇心。学生逐渐理解到问题的本质和背后的挑战，培养了他们对问题的敏感度和发现意识。其次，项目式学习鼓励学生提出关键问题和解决方案。在项目中，学生需要通过分析和研究来确定问题的关键点，提出有价值的问题并寻找解决方案。这培养了学生的深入探索思维和解决问题能力，使他们能够从多个角度思考问题，并找到切实可行的解决方案。通过这个过程，学生的问题意识得到了提升。此外，项目式学习鼓励学生进行反思和评估。在项目的不同阶段，学生需要反思自己的学习过程和成果，评估解决方案的有效性。

综上所述，项目式学习对于小学道德与法治学科培育学生核心素养具有重要的价值。教学的方向需要转向更加以学生为中心，让学生成为学习的主体。项目式学习是一种重要的教育模式，它能够在多个方面提升学生的能力和素养。首先，项目式学习通过将学科知识与实际问题结合，提高了学生的实践与应用能力。其次，它促进了学生的跨学科综合能力发展，使他们能够综合运用多个学科领域的知识来解决问题。同时，项目式学习培养了学生的创新思维和解决问题能力，使他们能够提出创新的解决方案并灵活应对挑战。最后，通过团队合作和频繁的沟通交流，项目式学习提升了学生的合作与沟通能力，使他们能够与他人合作解决问题并有效地表达自己的观点。最后，项目式学习培养了学生的问题意识，激发了他们对问题的敏感性和好奇心。综上所述，项目式学习为学生的综合能力和素养发展提供了全面的支持，为他们在未来的学习、工作和生活中奠定了坚实的基础。项目式学习的有效运用，将中华优秀传统文化和红色文化融入教学，能够增强学生对于道德与法治的体验和理解，从而更好地培养学生的道德意识、法治意识和核心素养。

第一节　项目式学习

一、理论基础

（一）建构主义学习理论

建构主义学习理论强调学习是一个个体主动构建知识、理解意义的过程。根据建构主义学习理论，学生通过与环境的互动和内部思维的重构，逐渐建立起对世界的理解。

建构主义学习理论观察到，学生接受知识的过程是在主客体之间的互动中主动建构的，在学习过程中学生不再是被动接收信息，而是在教学过程中，根据已有的知识和经验，通过观察、实验、探索和提问等行为，主动构建新的知识结构，包括对原有知识的转化和促进。学生将新的信息与已有知识进行对比、整合和重构，从而形成新的认知模式和理解。

在建构主义学习理论中，认知发展的关键是通过适应性过程来实现的。适应性过程包括两个方面：适应和平衡。适应是指通过主动与环境的相互作用来获取新的信息，当学生在学习过程中遇到新的知识时，如果该知识与其已有的知识能够较容易地产生联系，那么就会更容易构建起新的知识体系，促进知识的进一步吸纳；而平衡则是指在学生已有的知识和经验与创设的情境之间保持一种状态，如果学生在与情境的互动过程中发现已有知识与新的知识无法联系，那么就会发生自身知识体系的冲突和不平衡，在这种情况下，学生在教师的引导下主动地调整自身认知结构，以适应新的信息和经验，建立新的知识体系，重新达到平衡状态。

在建构主义学习理论中，教师的角色是引导者和支持者。教师应该提供适合学生吸取新知识的学习环境和情境，并通过提出问题、布置任务的方式鼓励学生进行主动探索，在探究问题答案的过程中，教师提供指导和支持，以帮助学生在认知冲突和不平衡中进行思考和解决问题。通过与教师和同伴的互动，学生可以获得反馈和建议，促使他们在知识建构的过程中更有效地进步。

建构主义理论和项目式学习在小学教学中可以促进学生的主动学习、合作学习和深入探索思维。首先，基于建构主义理论，教师可以设计具有实际意义和封闭性的项目任务，鼓励学生通过探究、实践和合作来主动构建自己的知识和理解。例如，在学习生态环境的主题时，教师可以组织学生进行实地考察和采集资料，让他们亲自体验和观察，从而激发他们的学习兴趣和主动性。

其次，在项目式学习中，学生通常需要与同学们合作完成任务。这种合作学习有助于培养学生的合作精神和团队意识。教师可以组织小组活动，让学生共同探究问题、研究解决方案，并在合作中彼此交流和协作。通过合作学习，学生能够相互启发、分享知识和经验，并从不同的角度思考问题，拓宽他们的视野和思维方式。

最后，项目式学习也能够促进学生的深入探索思维。在项目中，学生需要对问题进行深入的分析和评估，提出合理的解决方案。教师可以指导学生进行思考、提出质疑和论证，培养他们的深入探索思维和逻辑推理能力。学生不仅能够理解知识的表面，还能够深入挖掘问题的本质，培养独立思考和解决问题的能力。

综上所述，项目式学习是一种典型的基于建构主义理论的教学模式，将建构主义理论与项目式学习结合应用于小学教学，可以促进学生的主动学习、合作学习和深入探索思维。这种教学方式强调学生的参与和创造性思维，使他们能够在真实和具体的情境中构建知识，培养全面的能力，并建立起对学习内容的深刻理解。这有助于激发学生的学习兴趣和自主性，提高他们的学习效果和终身学习能力。建构主义学习理论认为学习是一个主动的、个体构建知识的过程，项目式学习通过情境的创设和驱动问题的提出，来激发学生主动探究问题的兴趣，在教学过程中，教师的角色是引导者和支持者，帮助学生在原有的知识基础上，通过沟通协作共同思考和解决问题，从而构建起新的知识体系，通过项目式学习，学生可以更深入地理解和应用所学的知识。

（二）情境认知理论

情境认知理论强调学习、记忆和思维是在特定情境中发生和发展的。根据情境认知理论，人们的认知过程是与特定情境相互作用的，在特定情境之中人们不仅与他人也与特定情境发生互动，从而促进了知识的重建，因此情境不仅提供了学习的背景和环境，还对认知过程产生重要影响。

情境认知理论主张学习不仅依赖于个体的内在认知过程，更与学习环境的情境密切相关。在特定情境中，学生通过互动，重新对信息进行加工和组织，基于自己的已有的知识进行重新构建，构建出新的认知结构。情境认知理论认为，在学习情境之下，学生利用自己已有的知识和经验在不断的互动过程中产生新的知识，对新信息的理解和记忆起着重要作用。

在情境认知理论中，情境被视为重要的学习因素，学生通过将新信息与已有的知识和经验相联系，可以更好地理解和应用所学的内容。情境包括物理环境和社会环境，它们都是学生由个人学习向集体学习转变的渠道，情境可以提供与学习内容相关的实际场景、材料和话语，提供学习的背景和意义，还通过引导学生的注意力和推动学习过程，影响着学习的效果。不同的情境可以引起不同的认知活动和行为表现，进而影响学习结果。

情境认知理论对教学实践有着重要的指导意义。根据该理论，教师在教学过程中，为了让学生能够更好地吸收知识，应该创造有意义的学习情境，将所教学的内容置于具体、真实的环境中，通过引导，让学生能够将所学的知识通过情境的互动建构起自身新的知识体系。教学方法上，教师可以采用案例分析、模拟实验、讨论和合作学习等教学策略，帮助学生在情境中进行知识的主动构建。此外，教师还应该实现对学生的表现进行评估，了解学生掌握知识和经验的程度，促进学生将新的知识与已有的知识更好地联系起来，促进新知识转化和接受。情境认知理论和项目式学习在小学教学中的实际应用，可以提供丰富的学习情境和具体的学习经验，促进学生的情境感知、意义建构和知识转化。

首先，情境认知理论认为学习不是孤立的，而是发生在具体情境中的。项目式学习正是通过提供真实的情境和任务，创造了学习的具体背景和环境。

其次，在小学教学中，可以运用情境认知理论和项目式学习的理念来设计学习情境。教师可以创设有趣、具体和有挑战性的情境，例如，模拟实际生活中的场景，让学生在其中扮演特定的角色，面临具体的问题和任务。以科学课为例，教师可以组织学生进行植物生长实验，让他们在实际观察和操作中体验和理解植物生长的过程和原理。

最后，项目式学习重视学习的意义建构和知识转化。情境认知理论强调学习者通过与情境的互动和参与来构建知识和理解。在项目式学习中，学生需要对情境进行感知、理解和应用，将所学知识与实际情境进行联结和转化。教师可以引导学生通过实际操作、观察、实验等方式，将课堂上学到的知识应用到具体项目中，从而提高他们的知识转化和应用能力。

综上所述，情境认知理论和项目式学习在小学教学中的实际应用，有助于提供丰富的学习情境，促进学生的情境感知、意义建构和知识转化。这种教学方式能够激发学生的兴趣与参与度，使学习变得有意义和接近实际，并帮助他们将所学知识应用于现实生活中。通过与具体情境互动，学生能够深入理解知识，加深对学习内容的印象，并培养实际应用和解决问题的能力。这对于学生的学习效果和终身学习的发展具有积极的影响。情境认知理论强调了学习、记忆和思维是与特定情境相互作用的。情境提供了学习的背景和环境，影响学生的认知过程和行为表现。学生通过将新信息与已有知识和经验相联系，构建自己的认知结构。教师应该创造有意义的学习情境，帮助学生在情境中进行主动构建和应用知识的过程。情境认知理论对于教学实践有着重要的指导作用。

（三）思维理论

郅庭瑾在《为思维而教》中指出思维是一种人类的智力活动，它是人类在思考并解决问题的过程中呈现出来的，是人类认识世界的一种特有的思想活动和过程。心理学家认为思维是一种心理现象，是人类认识世界和看待问题的重要途径，也是人类区别于动物的根本属性。因此思维理论是研究思维过程和思维能力的学科，主要包括认知心理学、发展心理学、逻辑学和人工智能等多个学科的研究成果。它探究了人类思维的本质、结构、特征和发展规律，以及思维与语言、情绪、学习和解决问题等方面的关系。

在思维理论中，思维是由感知、记忆、构建、推理一系列信息处理过程组成的，因此思维过程就是一种对信息处理的过程。感知是通过感觉器官接收外界信息，是思维处理信息的第一步，信息接收以后大脑进行感知和处理，通常大脑会选择性地关注某些特定信息。第二步记忆，是将处理之后的信息存储在大脑中，之后可以随时调取和使用。第三步构建，是大脑储存了一定量的信息后，将具有相似特征的事物归类到一起，形成自身的知识体系，并通过推理，根据一定的逻辑关系，从一个或多个前提中推理得出结论的思维过程。因此逻辑学在思维理论中扮演着重要的角色，人类格局逻辑学研究有效和合理的推理规则来推导、分析和评估，从而更好地解决问题和作出决策。以上各个对信息处理的步骤都是为了通过寻找策略和探索解决方案，达到解决问题的目标。情境思维理论和项目式学习有着密切的联系，可以在小学教学中实现实际应用。情境思维理论认为，人类的思维在特定的情境中进行，情境对于思考和解决问题过程起着重要的影响。项目式学习提供了这样的情境，通过在真实、具体的任务中让学生进行思考和解决问题，促进了情境思维的发展。

在小学教学中，可以应用情境思维理论与项目式学习的理念来设计具体的教学活动。教师可以根据不同学科的内容，在课堂中建立多样化的情境，让学生置身于真实的场景中进行学习。例如，在社会学课上，教师可以模拟一个小区居民大会的情境，让学生扮演不同的角色，讨论解决小区问题的方法。在这个情境中，学生需要运用已学知识和思考能力，理解并解决实际问题，从而培养情境思维的能力。

此外，项目式学习注重学生的主动性和合作性。通过项目式学习，学生可以与同学们合作，在特定情境中展开探究和解决问题的过程。在小组合作中，学生可以共同思考、讨论和分享观点，相互启发和补充，从而培养情境思维和协同合作的能力。

另外，项目式学习还强调学生的实践经验与知识的结合。学生通过实践活动，将所学知识应用到具体情境中，触摸和体验真实的物品和事物。例如，在自然科学课上，教师可以组织学生进行植物实验，让他们亲手种植、观察植物的生长，从而将理论知识与实际情境相结合，促进情境思维的发展。

综上所述，情境思维理论和项目式学习在小学教学中的实际应用可以有助于培养学生的情境思维能力。通过提供真实情境和任务，激发学生的主动性和合作性，以及将学习知识与实践经验结合起来，学生能够在具体情境中进行思考、解决问题，并进行实际应用。这种教学方式不仅有助于提升学生的学习效果和兴趣，还提高了他们的实践能力和深度思考的能力，为他们的终身学习奠定了坚实基础。项目式学习的理念是基于思维理论，是研究思维过程和思维能力的过程提出的。通过思维的本质、结构、特征和发展规律，提出教学方法，提高教学效率。

二、概念界定

美国巴克教育研究所将项目学习定义为既是系统的教学方法和探索复杂现实问题的过程，也是学生精心设计项目作品、规划和实施项目任务的一种学习过程。在项目实施的整个过程中，学生能够掌握所需的知识和技能。

项目式学习是一种基于实践和应用的学习方法，根据美国巴克教育研究所的定义，项目式学习是一种系统的教学方法，学生在教师的引导下探索复杂的问题，在这个过程中学生要做到规划和实施项目、并作出项目作品结果的汇报。因此这种学习方法强调学生通过参与和完成项目来获得知识、技能和能力，化被动学习为主动学习，在项目式学习中，学生可以以个人或者小组的形式通过自主研究、合作学习的方式来完成教师下达的具体任务，来达到学习目标。因此项目式学习很注重学生的主动性和参与度，在教师的引导下学生会越来越主动积极学习。这种学习方式鼓励学生进行深入思考、探索、创新，激发他们的学习动机和扩大学习成果。

在项目式学习的实施步骤方面，刘景福、钟志贤等认为项目式学习的六个步骤是：项目选择、计划制订、活动探索、工作产出、成果交流和活动评价。张文兰等人认为项目式学习的三个主要步骤是：项目设计、项目实施和项目评价。严寒冰结合信息技术教学在实施项目式学习中将教学步骤分为：项目设计、分工、计划、探索与合作、作品制作、呈现与总结评价。综上所述，项目式学习以真实的问题或情境为基础，鼓励学科间的融合，学生需要在不同学科领域的知识和技能上进行整合和应用，使学习更有意义和应用性。学生将面临类似于实际工作或生活中的挑战，需要从多个角度思考和解决问题，这有助于培养学生的综合能力和跨学科思维。本文基于以上学者的研究结果，将项目式学习的实施分为以下几个方面：

（一）项目设计

在项目式学习中，项目设计是一个关键的步骤，决定了整个项目的目标、内容和实施方式。首先，确定项目的目标和主题。教师需要明确项目的学习目标以及所涵盖的主题领域。目标应该与学生的学科知识、技能和综合能力发展相关，并具有现实意义和可行性。其次，制定项目的任务和问题。教师可以根据项目的目标，设计任务和问题，激发学生的探究欲望和研究兴趣。这些任务和问题应该具有挑战性和启发性，引导学生进行深入思考和解决问题。接下来，确定学生的角色和任务分工。在项目中，学生可以扮演不同的角色，担任不同的责任，通过合作与协作来完成项目任务。教师可以根据项目的需求，合理分配学生的角色和任务，鼓励他们在合作中发挥各自的优势和才能。再次，确定项目的资源和时间安排。教师需要提供学生所需的资源和材料，包括参考书籍、网络资源、实验设备等。同时，制定合理的时间安排，确保学生有足够的时间来进行研究、实践和反思。最后，提供必要的指导和支持。教师在项目实施过程中要充当指导者和支持者的角色，鼓励学生自主学习和探究，并提供必要的指导和支持。总之，在项目式学习中，项目设计是关键的一步，它需要清晰地定义项目的目标、范围和时间框架，并明确学生需要完成的任务和成果；其次是需要事先选择符合学生兴趣和课程内容的主题，能够激发学生的好奇心和求知欲；需要项目的时间安排、任务分配和资源需求等，确保学生有足够的时间和资源去完成项目，同时要合理安排学生的学习进度。

（二）项目实施

在项目式学习中，项目实施是一个具体而关键的过程，涉及学生的实际探究、合作与表现。项目式学习的步骤：首先，学生进行背景研究与资源收集。学生需要对项目相关的背景知识进行研究，收集必要的资源和资料，以便深入了解和解决项目的问题。他们可以使用图书馆、互联网、采访和实地调查等途径获取所需的信息。其次，学生展开实践和探究活动。学生根据研究的问题和任务，在真实的情境中进行实践和探究。他们可以设计实验、展开调查、进行模拟操作等，积极地参与实际活动，并收集数据和信息以支持他们的研究和解决方案的开发。再次，学生进行合作与协作。学生通过合作与协作与其他团队成员合作共同完成项目的任务和目标。他们可以组织会议、进行讨论、分工合作等，以解决问题、分享信息和汇报进展。最后，学生进行项目成果的呈现和展示。在项目的最后阶段，学生要将他们的研究成果以适当的形式进行呈现与展示。总之，在项目式学习中，学生是项目的主要参与者，他们在项目中扮演着主动学习者的角色，教师在教学过程中扮演着指导者、辅导者和评价者的角色，对学生提供必要的指导和支持，鼓励学生的积极参与和学习动机，引导学生探索和规划，在项目开始时学生需要研究项目主题、收集信息和制订解决方案的计划，通过小组或团队中合作完成项目的不同任务。在这个过程中学生需要自主进行学习和实践，他们可以利用图书馆、互联网和其他资源来获取必要的知识，通过实践和解决问题的过程来巩固学习内容，团队合作也促进了学生之间的交流与合作技能的发展。

（三）项目评价

在项目式学习中，项目评价是对学生学习成果和过程进行反馈和评价的重要环节。首先，明确评价标准和指标。教师需要在项目设计的初期就明确评价项目的标准和指标，以确保评价的客观性和有效性。这些标准和指标应该与项目的学习目标密切相关，并包括知识的掌握、技能的运用、解决问题能力、合作与沟通能力等方面。其次，采用多样化的评价方式和工具。项目式学习强调学生的综合能力和实践表现，因此评价过程应该多样化且兼顾定性和定量的评价方式。教师可以采用观察记录、学生报告、项目展示、反思日志、成果展示等方式，综合评估学生的学习成果和过程。再次，进行评价反馈和指导。评价不仅仅是对学生的成绩和表现进行评判，更重要的是提供针对性的反馈和指导，帮助学生提高自身的学习能力和水平。教师可以通过个别会谈、批注和评语等方式，向学生提供具体的反馈和指导，指出他们的优点、改进之处和发展方向。最后，进行自我评价与同伴评价。在项目评价过程中，学生参与自我评价和同伴评价的环节，促进他们对自己和他人的学习能力和表现进行反思和评价。学生可以自行评价自己的学习过程和成果，并接受同伴的评价，从中获得全方位的反馈和启发。总之，项目评价是项目式学习中不可或缺的一部分，通过评价可以了解学生在项目中的表现和学习成果。在项目评价阶段，评价主体根据学生在项目中的各种表现、成果和过程资料，根据评价标准和指标，评估学生的项目成果，评估可以基于多种形式，不过通常以教师制作评价表来执行。评价结束后，教师通过评价结果，为学生提供及时的反馈和建议。反馈应该具体、明确，帮助学生了解自身的优势和改进的方向。教师自己也可以根据评价结果，总结项目的经验和教训，思考项目过程中的各个环节存在的问题，以不断地改进和提升。

总结来说，项目式学习是一种以实践和应用为基础的学习方法。它注重学生的主动参与和学习动机，通过解决真实世界的问题来促进学生的综合能力和跨学科思维。项目式学习对学生的发展也具有许多优点，它可以培养学生的深入探索思维、解决问题能力和创新能力，加强他们的合作与沟通技能，提高学生的动手实践能力和自主学习能力，还能够提高学生学科知识的深度和广度，让他们将所学的知识应用到实际生活中。

将项目式学习融入小学道德与法治课教学，可以为学生提供丰富的情境和互动体验，帮助他们理解和运用道德与法治知识。首先，在项目设计阶段，确定道德与法治教学的目标和主题。教师需要明确道德与法治课的学习目标，例如培养学生的社会责任感、法治意识和道德判断能力。主题可以涵盖个人道德、公共道德以及法律和法治的基本知识。其次，制定项目的任务和问题，鼓励学生进行实践与探究。在道德与法治课的项目中，任务可以包括研究道德现象。通过这些任务，学生将面临实际的道德与法治问题，积极参与探究活动，培养道德判断和法律意识。再次，确定学生的角色与任务分工，担任不同的责任，通过合作与协作来完成项目任务。这可以促进学生的团队合作和沟通能力，培养他们对不同立场的理解和尊重。最后，提供项目实施所需的资源和指导。教师需要提供学生所需的相关资源，例如法律文书、道德案例等。同时，提供必要的指导和支持，引导学生进行有效的研究和实践，并与其进行及时的讨论和反馈。在项目的最后阶段进行项目整合与成果展示，学生将整合他们的学习成果，并以适当的形式进行呈现与展示。这样可以让学生分享他们的观点和成果，加深对道德与法治知识的理解和应用。小学道德与法治课是培养学生良好道德品质和法治意识的重要课程之一。然而，传统教学方式在培养学生的探究精神和实践能力方面存在一定的局限性。因此，将项目式学习融入小学道德与法治课将会带来许多益处，本文将从小学道德与法治课本身的特性和提升项目式学习教学效果的需要两个方面进行论述。

三、项目式学习的基本流程

本节以案例“宪法宣讲”为例，介绍项目式学习的基本流程。

（一）教学目标的设计

本案例将课标倡导的项目式学习引入“我们的守护者”单元（道德与法治六年级上册）学习，通过“宪法宣讲”项目整体规划单元教学，引导学生自主探究、深入体验，建构法治观念。在项目式学习中，教学目标的分析非常重要，因为它们为整个项目的设计和实施提供了指导和方向。首先，确定学科知识和技能的目标。教师需要明确项目所涉及的学科领域（本案例中是法律）。然后，根据学科标准和课程要求，确定学生需要掌握的知识和技能目标。这些目标可以是特定的概念、原理、方法或技能，确保学生在项目中能够获得相关的学科知识和技能。其次，在项目式学习中，培养学生的综合能力和跨学科的思维是至关重要的。教师可以确定一些综合能力目标。再次，项目式学习不仅仅关注学科知识和技能的发展，还致力于培养学生的情感态度和积极价值观。教师可以设定情感与价值观目标，并在项目中体现和实践这些价值观。最后，确保目标的可衡量性和可达成性。教师需要确保设定的目标可以被清晰地衡量和评估，并且学生能够在项目中实现这些目标。

本案例中，教材以“生活中的法律”和“最高法律——宪法”为主要内容和逻辑主线，着重引导学生了解生活中的法律及其作用，认识宪法的法律地位，感受法律的作用，初步建立宪法意识。设置具体教学目标如下：

一是结合身边的案例初步认识法律的概念及特征，感受法律对个人生活和公共生活的重要性；

二是初步了解宪法的主要内容，知道宪法是国家根本法，社会主义制度是我国的根本制度；

三是结合“12·4”国家宪法日，做一次宪法宣讲员活动，养成自觉守法、遇事找法、解决问题靠法律的思维习惯和行为方式。

（二）驱动问题的设置

围绕上节确定的教学目标，设置驱动问题，从而确定项目任务，让学生更快地进入完成任务的状态。在项目式学习中，驱动问题的确定是一个关键的步骤，它决定了整个项目的内涵和方向。首先，关注学生的兴趣与需求。驱动问题应该与学生的兴趣和需求相关，能够引发他们的好奇心和研究欲望。教师可以通过调查问卷、讨论或观察学生的实际表现，了解他们的兴趣爱好、关注点和问题，以此为基础确定驱动问题。其次，对课程要求进行分析。教师需要仔细分析课程标准和要求，了解所需教学内容和重点。根据课程目标和核心概念，确定能够涵盖并达到这些目标的驱动问题。再次，考虑社会和现实联系。驱动问题可以紧密结合社会和现实问题，使学生能够理解和应用所学的知识和技能。教师可以选取与社会议题、环境问题、科学发展等相关的主题，鼓励学生通过项目实践来解决真实的问题。然后，注重跨学科的融合。驱动问题可以涉及多个学科领域，促使学生进行跨学科的学习与思考。通过将不同学科的知识和技能融入项目中，培养学生的综合思维和能力。最后，确定驱动问题时，需要考虑主题的可行性和学习价值。主题应在学生能够理解和实践的范围内，并具有实际意义和教育价值。同时，教师也需要考虑项目实施的资源和时间限制，确保主题的可行性。

本案例中，基于上一节提出的三个教学目标，“宪法宣讲”项目以如何宣讲宪法为驱动性问题，着重引领学生感受法律对个人生活和公共生活的重要性。学生认真阅读教材“感受生活中的法律”相关内容并展开讨论。最终，总结了成功的“宪法宣讲”需要解决三个问题，包括“宪法宣讲需要哪些知识，如何学习”“宪法宣讲需要哪些技能，如何获得”“何种方式能够更好宣讲宪法”。由此，“我们的守护者”单元学习将围绕这三个子问题（任务），引领学生在任务探究中展开实践体验，成为优秀的宪法宣讲员。

（三）项目学习支架的设计

在项目式学习中，项目学习支架是为了确保项目在实施过程中有明确的目标和方向。首先，项目学习支架可以帮助确定项目的范围和内容。教师需要在项目开始之前确定项目的核心问题或任务，并明确需要涉及的知识、技能和实践活动。这样有助于避免项目过于宽泛或模糊，确保项目在一定的范围内进行，以便学生能够有针对性地进行学习和探究。其次，项目学习支架可以激发学生的学习兴趣和动力。通过预设具有挑战性和相关性的项目方向，可以引起学生的好奇心和探究欲望。这有助于激发学生的主动性和积极性，提高他们参与项目学习的投入度。再次，教师可以预设项目方向的学习目标和成果。在项目开始之前，教师可以明确项目的学习目标和预期的学习成果。这些目标和成果应与学科知识和技能、综合能力以及情感价值观等方面有关，以确保学生在项目中能够全面发展。然后，教师可以预设项目方向的时间安排和资源支持。项目的时间安排和资源支持是项目能否顺利实施的关键因素。通过预设项目方向，教师可以初步规划项目的时间框架，合理安排学习活动和里程碑。同时，教师也需要考虑所需资源的情况，如图书、技术设备、实验材料等，以确保项目能够得到必要的支持和保障。

项目式探究过程实际上就是学生逐一解决项目任务的过程，在本案例中，围绕前述三个子问题，我们主要提供了问题分解框架图、宣讲计划书框架和学习资源（视频、网址）等支架。主要方式是向学生提出问题："成为一名优秀的宪法宣讲员需要具备哪些条件?"课堂上，学生罗列了许多必要条件，并通过讨论对必备条件达成共识，即具备宪法相关知识、提高演讲相关能力、具有采访调查和数据分析的能力。在此基础上，学生一起阅读教材，讨论解决问题方式，总结如何具备这些条件的学习方法。

在这些支架的支持下，学生积极阅读教材、浏览相关网站，并设计了"宪法知识采访问卷"，了解同伴感兴趣的问题或困惑。学生发现本校近39.1%的学生完全不了解宪法；知道宪法日的学生只有27%等；多数同学比较喜欢小品、演讲等宣讲方式。在此基础上，各小组制定、完善宣讲计划书。例如，"普法"小队以"宪法保障基本权益"为主题，用小品演绎了一个欠薪案例，以极强的表现力弘扬宪法保障公民合法权益；"宪法小能手"小队以"学宪法　做好公民"为主题，用诙谐幽默的传统相声宣讲学习宪法的重要性；"走进宪法"小队在演讲后采用"宪法的历史和相关知识竞赛"验收听讲效果，引发了同学们的争相参与。

（四）总结

项目式学习是一种富有挑战性和实践性的学习方法，通过设计教学目标、设置驱动问题和设计项目学习支架，可以激发学生的学习兴趣和动力，培养他们的综合能力和解决问题的能力。

首先，教学目标的设计是项目式学习的基础。教师需要明确项目的学习目标，确保目标与课程标准和学生需求相匹配。教学目标应该具体、明确，并能够激发学生的学习兴趣和动力，引导他们在项目学习中获得实际的成果和经验。

其次，驱动问题的设置是项目式学习的核心。驱动问题是项目学习的引子，能够激发学生的思考和好奇心，引导他们主动探索和解决问题。驱动问题应该具有挑战性和启发性，能够引导学生进行深入的研究和探究，从而培养他们解决问题的思维和创新能力。

最后，项目学习支架的设计是项目式学习的框架。项目学习支架包括项目的结构、时间安排、资源准备、评价方式等方面的设计。教师需要为学生提供必要的指导和支持，同时给予他们足够的自主性和探索空间。项目学习支架的设计应该充分考虑学生的学习需求和能力水平，促进他们的全面发展和成长。

综上所述，项目式学习的具体流程包括教学目标的设计、驱动问题的设置和项目学习支架的设计。通过这一流程，可以激发学生的学习兴趣和动力，培养他们的综合能力和解决问题的能力，促进他们的全面发展和成长。

第二节　将项目式学习融入小学道德与法治课的必要性

小学道德与法治课本身具有德育属性和探究性，这就为将项目式学习融入该课程提供了合理性和必要性。

一、培养学生正确的三观

小学道德与法治课的德育属性意味着它不仅要传授理论知识，更要培养学生的道德情操、价值观念和社会责任感。首先，通过设计项目任务和情境，让学生面临真实的道德问题和挑战。教师可以选取与学生生活和社会相关的道德议题，如友谊、诚实、公平、环境保护等，并让学生参与讨论和探究。通过项目中的情境和任务，学生能够直接面对道德决策，深入思考和理解不同行为背后的价值观和意义。其次，设置模拟情境和合作学习的机会，培养学生的合作精神和社会责任感。教师可以引导学生扮演不同的角色在小组内进行合作学习，学生需要协商、合作、互动，并共同解决道德问题和挑战。通过这样的活动，学生能够体验到合作的重要性，培养对他人的关爱和社会责任感。再次，鼓励学生参与社区服务和实践活动，将道德与实际生活联系起来。教师可以组织学生参观社区组织、做义工、参与公益项目等。通过实践活动，学生能够亲身感受到道德行为对他人和社会的影响，增强他们的社会责任感和自我意识。最后，引导学生进行跨学科的学习和思考，拓展他们的视野。教师可以将道德法治课与其他学科进行整合，例如语言艺术、社会科学等。通过跨学科的学习和项目实践，学生能够将道德问题与实际生活、文学作品、历史事件等联系起来，形成更全面的思考。总之，传统的教学方式往往只注重知识的灌输，而项目式学习强调学生的主动参与和实践，可以使学生更好地体验和感知道德和法治的实际意义。通过参与真实世界的解决问题和社区服务等项目活动，学生可以亲身体验道德与法治的实践，提升他们的道德素养和法律意识。

二、提升学生的解决问题能力

小学道德与法治课的探究性要求学生具备独立思考和解决问题的能力。道德与法治的学习并不仅仅是理论知识的学习，更重要的是将这些理论知识运用到实际生活中。项目式学习强调实践操作，可以让学生在实际操作中加深对道德与法治知识的理解，提升他们的实践能力。首先，通过设计开放性的项目任务，激发学生的好奇心和主动性。教师可以提出具有挑战性和启发性的问题，让学生自主选择项目方向和解决路径。这样可以激发学生的主动思考和独立探究的意愿，培养他们解决问题的能力。其次，建立合理的学习支持和指导机制，引导学生进行独立思考。教师可以提供必要的学习资源和工具，如参考书籍、网络资源等，让学生进行自主学习和研究。同时，教师还可以提供适当的指导和辅导，引导学生深入思考问题的方方面面，鼓励他们提出自己的见解和解决方案。再次，设计评估机制，鼓励学生展示独立思考的成果。教师可以要求学生通过展示、口头陈述、写作等方式，向整个班级或社区呈现他们的独立思考过程和成果。这样可以激发学生的自信心，同时也能够让他们从他人的反馈中得到启发，不断完善和提升自己的独立思考能力。最后，鼓励学生进行合作交流，促进彼此之间的互相学习和启发。项目式学习可以设计小组合作的环节，让学生在合作中分享和交流思考过程和心得体会。通过与他人的讨论和反馈，学生能够从不同的观点和经验中汲取灵感，拓展自己的思维。总之，传统的教学方式往往以教师为中心，缺乏学生的主动参与和思考。而项目式学习强调学生的探究和解决问题的能力，可以激发学生的求知欲望和好奇心，培养他们的自主学习和合作学习的能力。通过参与项目活动，学生可以自主选择问题、调查研究、发现问题、提出解决方案，这对于培养学生的思维能力和创新精神非常重要。因此，项目式学习通常是围绕一个实际问题展开的，学生需要运用所学的道德与法治知识来解决这个问题。这样的学习过程可以锻炼学生的解决问题能力，培养他们面对问题时的独立思考能力。

三、提升教学效果

为了提升教学效果的需要，首先，创建积极的学习环境。为了促进学生的参与和学习效果，教师可以营造一个积极、支持和尊重的学习环境。这可以通过鼓励学生发表意见、尊重不同观点、营造友善的互动等方式实现。一个积极的学习环境有利于学生的积极态度和投入程度，从而提高教学效果。其次，采用多样化的教学方法和资源。使用多种教学方法，如讲授、讨论、案例分析、模拟情境等，可以满足不同学生的学习需求和个体差异。此外，教师可以借助多媒体资源、实地考察、互联网资源等丰富教学内容，激发学生的兴趣和好奇心，提高教学效果。接下来，关注学生的参与和互动。让学生参与到学习过程中，积极互动是提升教学效果的重要手段。教师可以设计小组活动、案例研究、模拟情境等活动，鼓励学生互相讨论、分享和合作，培养学生的合作精神和团队意识。通过积极的参与和互动，学生能够更好地理解和应用所学的道德法治知识。最后，及时反馈和评价学生的学习成果。给予学生及时的反馈和评价可以帮助他们了解自己的学习进度，并进一步提高教学效果。教师可以采用个别对话、作业批改、口头评价等方式对学生的学习成果进行评价，并积极给予肯定和建设性的指导。这样可以激发学生的学习动力，促进他们的自主学习和持续改进。项目式学习通常是以学生的兴趣和需求为出发点，设计的项目通常更贴近学生的生活，更能引发学生的学习兴趣。通过项目式学习，学生可以更主动、更积极地参与到学习中来。总之，将项目式学习融入小学道德与法治课不仅有助于克服传统教学方式理论与实践分离的弊病，还能更好地满足学生个性化需求。

四、满足学生的个性化需求

项目式学习能够更好地满足学生的个性化需求。在小学道德法治课中，满足学生的个性化需求是关键，因为每个学生都有不同的学习风格、兴趣和能力。以下详细论述如何满足学生的个性化需求：首先，个性化的教学内容和活动设计是很重要的。教师可以多样化地选择教材和资源，以适应不同学生的需求和兴趣。同时，设计不同类型的活动和任务，如小组合作、创作、模拟情境等，以充分发挥学生的个性和特长。这样可以激发学生的学习热情和主动性，促进他们在道德法治领域的全面发展。其次，个性化的学习支持和指导是必要的。教师应该关注每个学生的学习进度和理解程度，并根据需要提供个别的学习支持和指导。例如，对于学习困难的学生可以提供额外练习或补充材料，对于学习进度较快的学生可以提供更深入的探究任务。个性化的学习支持可以帮助学生充分发挥自己的潜力，保持学习的积极性和成就感。接下来，多样化的评价和反馈措施是必要的。教师应该使用多样化的评价方法，如口头表达、项目展示、书面作业等，以便更好地了解学生的学习成果和发展情况。此外，及时反馈和针对性的指导是帮助学生个性化发展的关键。根据学生的实际表现，给予肯定和鼓励，并提供个体化的建议和指导，帮助他们不断提高和成长。最后，建立良好的师生关系，关心学生的个人情况。教师应该积极与学生沟通，并了解他们的兴趣、需求和家庭背景等，以便更好地满足个性化需求，与学生建立良好的关系。总之，每个学生都具有不同的学习风格、兴趣爱好和学习需求，而传统的教学方式往往无法满足所有学生的需求。而项目式学习提供了更大的自主性和选择性，让学生可以根据自己的兴趣和能力参与不同的项目，培养自己感兴趣的领域。这样可以激发学生的学习动力，提高学习效果。

五、培养学生的团队协作能力

在项目式学习中，学生通常需要以小组或团队的形式合作完成任务。这要求他们在团队中进行有效的沟通和协商，学会倾听他人意见、尊重他人观点，并通过协商达成共识。通过这样的团队合作，可以提升学生的沟通协调能力。团队合作是项目式学习中不可或缺的一部分。学生需要学会与团队成员进行积极而有效的沟通，分享自己的观点和想法，理解并尊重他人的观点。通过开放的沟通渠道，可以更好地交流和理解彼此，从而促进团队合作的顺利进行。

在团队合作中，积极而有效的沟通是至关重要的。学生需要清晰地表达自己的观点和想法，同时也要善于倾听和理解他人的观点。通过有效沟通，团队成员可以更好地协调行动，减少误解和冲突，并共同朝着共同的目标努力。开放的沟通渠道也为学生提供了更多的机会去交流和了解彼此。他们可以通过团队会议、讨论和反馈等形式进行交流，分享彼此的进展和问题。这种开放的沟通渠道不仅有助于建立团队的凝聚力，还能够促进他们的相互学习和成长。在合作过程中，学生也需要学会协商和达成共识。他们可能会面临不同的意见和想法，而通过协商和讨论，他们可以找到平衡点，并制定出最佳的解决方案。这种协商和共识的过程不仅仅提升了学生的沟通协调能力，还培养了他们的团队合作精神和领导能力。

通过团队合作，学生还能够学会分工合作、互相支持和协调资源。他们可以共同努力解决问题，并在合作中发现自己的优势和不足之处。这样的合作经验不仅在项目式学习中有益，也为他们未来的职业发展和社交互动奠定了坚实的基础。团队合作在项目式学习中起着重要的作用。通过积极而有效的沟通、开放的交流渠道和理解尊重他人的观点，学生可以建立起良好的团队合作关系，共同解决问题，取得更好的学习效果。

综上所述，传统的教学方式往往注重知识的传授，而实践操作和应用能力的培养被忽视。这种理论与实践分离的教学方式无法使学生真正理解和应用道德与法治知识。而项目式学习鼓励学生通过实践活动来探索和应用所学的知识，使他们更容易理解和应用道德与法治原理。在项目式学习中，学生被鼓励主动参与实践活动，通过实际操作来应用他们所学的道德与法治知识。这种实践性的学习方式使他们能够更深入地理解和体验道德与法治的原理和应用。通过项目式学习，学生能够建立知识与实践的联系。他们通过实际问题的解决过程，将所学的道德与法治知识应用到实际情境中，从而加深对知识的理解和记忆。项目式学习还能够培养学生的深入探索思维和创新能力，使他们能够独立思考和解决问题。项目式学习为学生提供了更贴近实际、更深入的学习体验。它不仅帮助学生更好地理解和应用道德与法治知识，还培养了他们的实践能力和创新思维。通过项目式学习，学生能够更全面地发展自己的能力，为未来的学习和职业发展打下坚实的基础。将项目式学习融入小学道德与法治课的必要性显而易见。小学道德与法治课本身的德育属性和探究性决定了项目式学习的适用性和有效性。同时，项目式学习能够克服传统教学方式理论与实践分离的缺陷，尊重学生个性化需求，提升小学道德与法治课的教学效果。因此，我们有必要在小学道德与法治课中积极推广和应用项目式学习，以培养学生的德育素养和综合能力。

第三节　将项目式学习融入小学道德与法治课的可行性

小学道德与法治课是培养学生良好道德品质和法治意识的重要课程之一。这门课程旨在引导学生树立正确的价值观，培养良好的道德品质，增强法治意识，为成为一名合格的公民打下坚实的基础。然而，传统的教学方式在小学道德与法治课的教学中存在一些局限性，这些教学方式往往注重知识的传授和考试的成绩，而忽略了学生的情感体验和社会参与，导致学生难以深刻理解和体会其中的感情，甚至可能产生厌倦和抵触情绪。

为了更好地提高小学道德与法治课的教学效果，将项目式学习融入其中是一种可行的举措。项目式学习是一种以学习者为中心的教学方式，它通过引导学生参与到实际的项目中，帮助他们获得知识和技能，培养其创新意识和团队协作能力。与传统教学方式相比，项目式学习更加注重学生的参与和实践，能够激发学生的学习兴趣和动力，培养其实践能力和创新精神。

本节将从小学道德与法治课的课程特点和教学理念与项目式学习的匹配性等方面进行论述。首先，小学道德与法治课的课程特点主要包括引导学生树立正确的价值观、培养良好的道德品质、增强法治意识等。这些内容不仅需要学生掌握相关的知识，更重要的是需要学生将这些知识转化为实际行动，树立正确的价值观念，培养良好的行为习惯。其次，项目式学习的核心理念是以学习者为中心，注重学生的参与和实践，通过引导学生参与到实际的项目中，帮助他们获得知识和技能，培养其创新意识和团队协作能力。这与小学道德与法治课的课程特点相契合，能够更好地实现课程的教学目标。

一、小学道德与法治课的课程特点与项目式学习匹配性

项目式学习和小学道德与法治课程具有很好的匹配性。项目式学习是一种以项目为核心的学习方法，通过学生参与实际的项目活动，培养学生的综合能力和解决问题的能力。在项目式学习中，学生需要在教师的引导下，自主参与到具有实际意义的项目实施过程中，通过收集信息、制定方案、实施项目以及最终的项目评价，获得知识和技能，提升综合能力。而小学道德与法治课程旨在培养学生的道德品质和法治观念。这门课程关注的是学生的价值观培养，以及如何让学生在日常生活中遵守法律法规，成为一个有道德、有责任感的好公民。通过学习这门课程，学生可以了解道德规范和法律法规，培养出良好的道德品质和法治意识。将项目式学习融入到小学道德与法治课程中，可以很好地实现课程的教学目标。通过项目式学习，教师可以引导学生参与到具有实际意义的项目中，让学生在实际的情境中学习道德规范和法律法规，培养出学生良好的道德品质和法治意识。同时，项目式学习还可以培养学生的创新能力和解决问题的能力，提升学生的综合素养。在项目实施过程中，学生需要自主收集信息、制定环保方案、实施环保行动并完成项目评价，这个过程中学生可以学习到许多有用的知识。

首先，项目式学习注重培养学生的实际操作能力，促使学生在解决问题的过程中思考和探索。这种教学方式的变化反映了教育界对于培养学生综合素养的重视，特别是在道德与法治教育方面。小学道德与法治课程强调培养学生的道德与法律意识，通过案例分析、讨论和模拟情境等方式，让学生理解和应用道德和法律原则。通过具体的案例，学生可以深入了解道德与法律的背后逻辑和价值观，并通过讨论和模拟情境的活动来思考和解决实际问题。这种互动式的学习方式使学生能够更加主动地参与学习，培养他们的深入探索思维和解决问题能力。在学习中，学生可以选择与道德和法治相关的主题进行研究和实践。他们可以根据自己的兴趣和关注点，选择感兴趣的道德和法治问题进行深入研究，并通过实际操作来加深对道德和法治的理解。这种个性化的学习方式不仅激发了学生的学习兴趣，还帮助他们建立起与实际生活相关的道德意识和法治观念。总的来说，项目式学习注重培养学生的实际操作能力，并通过小学道德与法治课程来强调道德与法律意识的培养。通过案例分析、讨论和模拟情境等方式，学生能够更深入地理解和应用道德和法律原则，并通过实践操作来加深对道德和法治的理解，从而提升道德意识和法治观念。

其次，项目式学习强调跨学科的综合应用能力。在解决实际问题的过程中，学生需要综合运用各学科的知识和技能。小学道德与法治课程也包含多学科的内容，例如社会学、心理学、伦理学等等。通过项目式学习，学生可以将这些学科知识应用到具体的情境中，提升对道德和法治问题的分析和解决能力。项目式学习鼓励学生跨学科地思考和学习，使他们能够将不同学科的知识融合在一起，应用到实际问题中。例如，在探讨一个道德问题时，学生可能需要了解相关的社会背景和心理因素，运用伦理学的原则进行分析，并考虑法律和法规的影响。通过综合运用不同学科的知识，学生能够更全面地理解和解决道德与法治问题。

这种跨学科的综合应用能力不仅提升了学生的学科素养，还培养了他们的综合思维能力和解决问题的能力。学生学会了从多个角度思考问题，将不同学科的知识有机地结合起来，从而更好地应对复杂的现实挑战。总之，新型教学方式的学习注重跨学科的综合应用能力，通过项目式学习，学生能够综合运用各学科的知识和技能，提升对道德和法治问题的分析和解决能力。这样的教学方式不仅培养了学生的综合素养，还有助于他们在面对现实生活中的道德和法治挑战时作出明智的决策。

再次，项目式学习还注重培养学生的合作与沟通能力。在项目实施过程中，学生需要与同伴进行合作，共同完成项目任务。小学道德与法治课程也强调培养学生的团队合作和交流能力。通过项目式学习，学生可以在合作中学会尊重他人、协调分工、解决冲突等技能，培养良好的人际交往能力。

最后，在项目式学习中，学生需要与团队成员密切合作，共同面对挑战和解决问题。这种合作过程中，他们不仅需要相互协作，还需要有效的沟通和交流。通过与团队成员分享想法、讨论解决方案，学生可以学会倾听他人意见、尊重他人观点，并通过协商达成共识。这种团队合作的经历不仅培养了学生的合作能力，还提升了他们的沟通技巧和团队协作能力。同时，项目式学习也提供了学生展示和表达自己想法的机会。他们可以在团队中分享自己的观点和想法，提出自己的建议，并通过团队讨论和反馈来完善自己的想法。这种积极参与和表达的过程不仅培养了学生的自信心，还促进了他们的表达能力和深入探索思维。总的来说，通过项目式学习，学生不仅能够在实践中应用所学知识，还能够培养合作与沟通能力，提升人际交往技巧，为他们未来的学习和生活奠定坚实的基础。还有一个重要原因是，传统的教学方式往往只依靠教师口述和书本知识来传授道德与法治的概念和规则，而缺少情感体验的真实性。然而，道德与法治教育的核心是培养学生正确的价值观念和道德情操。通过项目式学习，学生可以亲身参与到真实世界的解决问题与社区服务等项目活动中，从而深刻体会到道德与法治原则在实际生活中的应用，使道德与法治教育变得更加真实和有意义。小学道德与法治课的教学内容常常较为抽象，学生难以理解和运用。而项目式学习强调实践探究和解决问题的能力，可以让学生主动参与、探索和运用所学的知识。通过项目式学习，学生可以从具体的项目活动中获得直接的经验，并将道德原则和法治概念应用到实际问题中，提高他们的理解和运用能力。

综上所述，项目式学习与小学道德与法治课程具有良好的匹配性。项目式学习可以为小学生提供一个探索道德和法治问题的实践平台，培养学生的综合能力和解决问题的能力，同时也与小学道德与法治课程的目标相契合，促进学生的道德和法治素养的全面发展。小学道德与法治课的特点是抽象性较强且情感体验较深。传统的教学方式往往难以满足学生对于道德和法治概念的深入理解和情感体验的需求。而项目式学习能够弥补这一不足，通过实际操作和参与，使学生更加深入地理解和感受教学内容。在项目式学习中，学生可以通过实践活动来探索和应用道德和法治知识。他们可以参与真实的场景模拟、模拟情境、案例分析等活动，通过实际操作来加深对道德和法治原则的理解。这种亲身体验的学习方式不仅能够提升学生的学习兴趣和参与度，还能够培养他们的深入探索思维和解决问题能力。因此，项目式学习为小学道德与法治课程的教学提供了一种创新的方法。通过项目式学习，学生能够在实践中全面发展自己的道德和法治素养，培养综合能力，并为将来的学习和生活奠定良好的基础。

二、小学道德与法治课的教学理念与项目式学习匹配性

第一，项目式学习是一种基于实际项目的学习方法，它鼓励学生主动参与、合作探究和跨学科应用知识与技能。而小学道德与法治课程旨在培养学生的道德观念和法律意识，使他们能够正确判断、自律行事，逐渐形成良好的公民意识。这两者之间有着很强的匹配性，可以相互促

进学生的全面发展。首先，项目式学习强调学生的主动性和参与性，与道德与法治课程的培养目标相契合。在项目式学习中，学生将扮演实际项目中的角色，通过与他人合作、解决问题等实际操作，不仅能够提高他们的深入探索思维和解决问题能力，还能培养他们的责任感和道德选择能力，使他们在实际生活中能够明辨是非，做出正确的道德判断。其次，项目式学习注重跨学科的应用，能够促进综合素养的发展。在道德与法治课程中，学生需要了解社会法律的基本原则和道德规范，并将其应用于具体情境中。通过项目式学习，学生可以将不同学科的知识和技能整合运用，例如运用数学知识解决公平分配问题，运用语言表达能力进行辩论等，从而加深对法律和道德的理解和应用。最后，项目式学习还可以培养学生的合作与沟通能力，这与小学道德与法治课程的要求相一致。在道德与法治课程中，学生需要学会与他人进行合作、尊重他人的观点、解决冲突等。而项目式学习中，学生需要通过与团队成员的合作，共同完成项目任务，这不仅能培养学生的合作意识和团队精神，还能提升他们的社交技能和沟通能力。

第二，小学道德与法治课强调学生的主动参与和实践探究能力的培养。传统教学往往以教师为中心，学生仅扮演被动接受知识的角色，学生难以主动参与和发挥自己的能动性。而项目式学习鼓励学生通过实践活动来探索和应用所学的知识，激发学生的学习兴趣和自主学习能力。在项目式学习中，学生需要自主选择问题、调查研究、提出解决方案等，培养了他们的探究精神和实践能力。小学道德与法治课的教学内容抽象，学生难以理解和应用。而项目式学习注重学生的实践操作和应用能力的培养，能够使学生更加深入地理解和应用道德与法治知识。通过项目式学习，学生可以将抽象的道德原则与法治概念应用到实际情境中，解决问题或完成任务，从而更好地理解其意义和价值。

综上所述，项目式学习与小学道德与法治课程的教学理念具有很强的契合性。项目式学习通过实际项目情境的设置和跨学科的应用，能够促进学生在道德和法治方面的思考和实践能力的提升，培养学生的合作与沟通能力，帮助他们成为具有良好道德意识和法律意识的公民。因此，在小学道德与法治课程的教学中引入项目式学习，将能够为学生提供更为全面、实践性的学习体验。小学道德与法治课的教学理念注重培养学生的实践探究能力和自主学习能力，而项目式学习正是符合这一理念的教学方法。因此，将项目式学习融入小学道德与法治课具有可行性。小学道德与法治课的课程特点和教学理念与项目式学习具有良好的匹配性，项目式学习能够弥补传统教学方式在情感体验和实践探究能力培养方面的不足，使学生更加深刻地理解和感受道德与法治的内容与意义。因此，在小学道德与法治课中引入项目式学习是一种可行的教学方法，能够提高学生的学习效果和综合能力。

第四节　基于项目式学习的小学道德与法治教学的特点

小学道德与法治课程的教学理念具有以下几个特点。首先，它注重培养学生的道德意识和价值观念。小学阶段是培养学生品德的关键时期，道德与法治课程通过讲授道德原则和价值观念，引导学生正确认识和判断事物，培养学生正确的道德观念，提升其道德水平。其次，这一课程注重培养学生的法治意识和法律素养。通过讲授基本法律知识、法规和法律常识，使学生了解和遵守法律，树立法治观念，培养尊重法律、依法行事的习惯。同时，小学道德与法治课程也注重培养学生的法律意识，使其能够在生活中识辨违法行为，学会维护自己的合法权益。另外，小学道德与法治课程还强调培养学生的思维能力和判断力。通过案例分析、讨论、模拟情境等教学方法，促使学生思考道德和法治问题，培养他们的分析、判断和决策能力。这种启发式的教学方式能够激发学生的思维，培养他们的深入探索思维和自主学习能力。综上所述，小学道德与法治课程的教学理念注重培养学生的道德意识和法治意识，培养其思维能力和判断力，是小学教育中不可或缺的一部分。传统教学方法过于注重记忆和理解，而忽视了学生高层次思维能力和创新精神的培养，这对于学生的全面发展和核心素养的提升存在一定的影响。基于项目式学习的小学道德与法治教学，是一种以学生为中心、以解决问题为导向的教学方法。在这种方法中，教师通过设计具有实际意义和真实性的项目任务，引导学生参与到道德与法治知识的学习和实践中。总而言之，项目式学习是一种以问题为导向、学生为中心的教学方法，其特点包括以下几个方面。

一、有助于塑造学生的正确的三观

项目式学习通过培养学生的实际体验和思考能力，为学生的全面发展提供了有力的支持。在实际的项目活动中，学生需要亲身体验、动手操作，从而增强对相关知识的理解和记忆。同时，项目式学习还注重培养学生的深入探索思维和解决问题能力，使学生在面对复杂的实际问题时，能够运用所学知识进行独立思考和判断，提高解决问题的能力。小学道德与法治课程的教学理念具有几个明显的特点，有助于培养学生正确的世界观、人生观和价值观。

首先，小学道德与法治课程注重价值观的塑造。这门课程不仅仅传授知识，更强调培养学生正确的价值观和道德观念。通过案例分析、讨论和互动活动等方式，课程引导学生思考并探讨各种社会生活中的道德问题，并帮助他们形成正确的价值取向，明确道德行为的标准。这有助于培养学生的道德自觉和社会责任感，使他们能够积极参与社会并作出正确的判断和选择。同时，该课程关注学生的情感体验，将道德观念和法治意识渗透到日常生活中的真实情境中，从而帮助学生建立起对道德和法律的直观感受。其次，小学道德与法治课程强调学生的参与和合作，鼓励学生在课堂上积极发表观点、展开讨论，以培养学生的深入探索思维和沟通协作能力。此外，该课程还注重培养学生的社会责任感和实践能力，通过引导学生参与社会公益活动和实践活动，帮助学生树立正确的人生观和社会责任感。

其次，小学道德与法治课程强调法治意识的培养。通过学习法律的基本原则、法律权益的保护和法律意识的培养，课程帮助学生了解法治的重要性，并引导他们正确行使自己的权利和义务。课上通过案例分析和模拟情境等活动，让学生深入理解法律在社会和个人生活中的重要作用，增强法律意识和法治观念，帮助他们形成自我约束和遵守法律的意识。将项目式学习与小学道德与法治课程相结合，可以更好地实现课程教学目标。在实际项目中，学生需要亲身体验、动手操作，从而增强对相关知识的理解和记忆；同时，项目式学习还注重培养学生的深入探索思维和解决问题能力，使学生在面对复杂的实际问题时，能够运用所学知识进行独立思考和判断，提高解决问题的能力；而且项目式学习还注重培养学生的社会责任感和实践能力，通过引导学生参与社会公益活动和社会实践，从而帮助学生树立正确的人生观和社会责任感；此外项目式学习还注重培养学生的创新能力和团队协作能力，通过引导学生参与到实际项目中培养学生的创新思维和团队合作精神，有助于提高学生的综合素质。

最后，小学道德与法治课程倡导实践与互动的教学方式。这门课程注重培养学生的实际操作能力，通过实践活动、小组讨论和模拟情境等方式，让学生亲身体验和参与道德和法治问题的解决过程。通过这种实践与互动的教学方式，学生能够在具体情境中理解和应用道德和法治原则，培养解决问题和决策的能力，提高对价值观念和法律规范的理解和接受度。小学道德与法治课程的教学理念具有培养学生形成正确三观的特点。它注重塑造学生正确的价值观，强调法治意识的培养，通过实践与互动的教学方式，使学生在实际操作中理解和应用道德和法律原则。这门课程的教学特点有助于培养学生的道德自觉性、社会责任感和法治观念，帮助他们形成正确的三观，成为具有良好道德素养和法治意识的公民。

综上所述，项目式学习注重学生的实践参与，让学生参与到真实的且有意义的任务中，在提升他们的学习动力和兴趣的同时，让学生亲身经历与道德与法治相关的情境和问题，从而使他们更加深入地理解和体会道德规范和法治原则的重要性。项目式学习强调学生的深入探索思维和判断力，需要学生参与到问题的解决、探究和实践活动中，这有助于培养学生的高层次思维能力和创新精神，使其能够主动思考和评估不同行为和价值观对个人和社会的影响。通过项目式学习，学生可以在实践中不断调整和完善自己的观念，逐渐形成正确的三观。

二、有助于提升教学质量

小学道德与法治课程的教学有助于提升教学质量的特点体现在以下几个方面。

首先，这一课程可以帮助学生树立正确的三观。通过讲授道德原则和价值观念，培养学生的道德意识，使他们能够正确看待和评价事物，树立正确的人生观、价值观和世界观。同时，法治课程的教学也有助于培养学生的法治意识，在学习法律知识的过程中，学生能够认识到法律的重要性，学会依法行事，并形成维护自己合法权益的意识。

其次，小学道德与法治课程的教学可以促进学生的智力和思维发展。通过引入案例分析、讨论和模拟情境等生动有趣的教学方式，学生可以在教师的引导下，积极思考和分析道德与法治问题。这种互动式的学习过程不仅提高了学生的课堂参与度，还培养了他们的独立性和创造性思维。在案例分析教学中，学生需要根据具体的情境和问题进行分析、判断和解决，这样能够锻炼他们的深入探索思维和逻辑推理能力。通过讨论和交流，学生可以相互启发，发现新的问题，并找到更好的解决方案。这有助于培养学生的团队协作和沟通技巧，同时促进他们全面理解和掌握道德与法治知识。模拟情境也是一种生动形象的教学方式，它让学生通过模拟实际生活中的情境，亲身体验和了解道德与法治问题。学生可以在教师的指导下，扮演不同的角色，并从不同的角度思考问题，这样能够激发他们的学习兴趣和想象力，培养他们解决问题的能力。通过这些启发式的教学方式，小学道德与法治课程能够激发学生的思维和创造力，培养他们的深入探索思维和创新能力。这有助于提高教学质量，增强学生的综合素质，为他们未来的学习和生活奠定坚实的基础。

最后，小学道德与法治课程的教学可以促进学生的品德和社会责任感的培养。通过讲述优秀人物的道德典范和正面案例，引导学生向道德高尚的榜样学习，培养学生的自律行为和社会责任感。在法治课程中，学生可以了解到法律对社会的作用和意义，提高他们对社会秩序和公共利益的认识，培养良好的公民意识。同时，小学道德与法治课程通过讲述优秀人物的故事和实际案例，激发学生对道德的敬重和追求。学生可以从这些榜样中学习到诚实、正直、尊重他人等品德价值观，并将其应用到日常生活中。此外，通过讨论和反思，学生可以思考自己的行为和决策是否符合道德规范，从而培养自律行为和社会责任感。在法治课程中，学生可以了解法律对社会的重要作用。他们可以学习法律的基本原则和法规，了解法律对维护社会秩序和保护公共利益的重要性。通过案例分析和讨论，他们可以深入了解法律在解决社会问题和保障公正的过程中的作用。这样的学习过程不仅提高了学生对法治的认识，还培养了他们的公民意识和社会责任感。总之，小学道德与法治课程的教学通过培养学生的品德和社会责任感，引导他们向道德榜样学习，了解法律的作用和意义，从而促进学生的全面发展。小学道德与法治课程的教学注重培养学生的合作与沟通能力。通过小组讨论、合作项目等形式，学生能够与同伴进行合作，并学会倾听、尊重他人的观点，在合作中发展团队意识和合作技能。这有助于提高学生的人际交往和沟通能力，培养良好的人际关系，提升教学质量。

综上所述，小学道德与法治课程的教学有助于提升教学质量。它可以帮助学生树立正确的三观，促进智力和思维发展，培养学生的品德和社会责任感，以及提升学生的合作与沟通能力。这些特点共同作用，使得小学道德与法治课程的教学具有积极的教育效果，提升了教学质量。项目式学习有助于提升小学道德与法治教学的质量。同时项目式学习强调学生的主动参与和实践活动，使学生能够在实际问题和情境中进行探究和解决，强调学生的自我探索和主动学习，这有助于增强学生的自信心和自尊心，从而更好地理解和应用相关知识。学生通过自主学习和合作探索，能够培养深入探索思维和解决问题的能力，促使学生将所学知识应用于实际问题的解决中，从而提升他们的知识转化能力，提高道德与法治课程的学习质量。因此，项目式学习重视学科知识的综合应用，将道德与法治与其他学科进行跨学科融合，使学生能够全面理解和运用所学知识。这种综合性的学习方式促进了知识的联结性和实用性，使学生更好地学以致用。

三、有助于培育学生的核心素养

基于项目式学习的小学道德与法治教学，强调学生的主动学习和自我探索。教师通过设计具有实际意义和真实性的项目任务，让学生实际参与到社会服务和实践中，从而使其更好地理解道德和法治的重要性，也可以通过探究和感知来接受和理解道德与法治知识，形成良好的道德品质和法治意识，让学生更加深入地理解和掌握知识。项目式学习还可以促进学生的合作学习和交流能力，提高学生的社交能力和团队协作能力，这些能力的培养都有助于培育学生的核心素养。

小学道德与法治课程的教学在提升教学质量方面具有几个重要特点。

首先，这门课程注重培养学生核心素养。核心素养是指学生在知识、技能、情感和价值观等多个维度上的全面发展。小学道德与法治课程通过讲授道德原则、法律知识和价值观念，帮助学生形成正确的三观和法治观念，培养他们的道德品质、法治意识和社会责任感，全面提升学生的综合素养和品德素质。通过小学道德与法治课程的学习，学生能够获得道德判断和决策的能力，学会遵守法律和规则，树立正确的价值观念。他们将理解并尊重他人的权利和利益，培养良好的人际关系和社会交往能力。同时，学生也将意识到自己作为公民的责任和义务，积极参与社会事务，为社会发展作出贡献。因此，小学道德与法治课程的目标是培养学生的道德品质和法治意识，使他们成为有良好品德、具备社会责任感的公民。这门课程不仅关注学生的知识掌握，更注重培养学生的情感态度和价值观念，使他们成为有道德良知和法治意识的社会成员。通过这门课程的学习，学生将在道德与法治的引领下，逐步成长为有品德、有担当的社会栋梁。

其次，小学道德与法治课程强调参与性与实践性教学方法。这门课程注重学生的主动参与、思考和实践。通过案例分析、模拟情境、小组讨论等活动，激发学生的学习兴趣，增强他们的学习动力。学生在实际操作中通过解决问题、讨论合作等方式，深化对道德和法治问题的理解与应用。这种参与性与实践性的教学方法能够促进学生的深度学习和综合素养的培养，提升教学质量。

再次，小学道德与法治课程注重个性化和差异化教学。课程充分尊重学生的个体差异，关注每个学生的成长发展。教师根据不同学生的认知水平和发展需求，设计灵活多样的教学方案，以满足学生的个性化学习需求。通过针对性的辅导和指导，帮助每个学生在道德与法治素养上取得有效的进步，提高整体教学效果。在小学道德与法治课程中，教师会通过多种教学方法和资源，如模拟情境、小组讨论、个案分析等，来激发学生的学习兴趣和参与度。同时，教师会关注学生的学习进展，及时给予反馈和指导，帮助他们克服困难，提高学习效果。此外，教师还会与学生进行个别辅导，根据学生的学习特点和需求，提供个性化的学习支持。他们会与学生建立良好的师生关系，关心学生的成长和发展，鼓励他们发挥优势、克服困难，实现个人潜能的最大化。通过个性化和差异化教学，小学道德与法治课程能够更好地满足不同学生的学习需求，促进每个学生在道德与法治素养上的全面发展。

综上所述，小学道德与法治课程的教学特点有助于提升教学质量。它注重培养学生核心素养，培养他们的道德品质、法治意识和社会责任感。通过参与性与实践性教学方法，激发学生的学习兴趣和动力，促进深度学习。此外，它还注重个性化和差异化教学，关注每个学生的成长发展。这些特点共同作用，提高教学的质量，为小学生的综合素养和品德素质的培养作出积极的贡献。

基于项目式学习的小学道德与法治教学具有塑造学生正确的三观和提升教学质量的特点。通过实践参与和创造性思维，学生能够深入理解和内化道德规范与法治原则，形成正确的三观。同时，项目式学习能够激发学生的主动学习兴趣和解决问题的能力，提高教学的实效性和质量。这种教学方式将道德与法治与实际问题相结合，使学生在实践中感知和探索，更好地接受知识并将其应用于实际生活中。因此，未来小学道德与法治教学应积极探索和推广基于项目式学习的教学方法，以更好地培育学生的核心素养，实现教育现代化和可持续发展。

第五节　项目式学习有助于学生综合能力的培育与提升

项目式学习作为一种创新的教学方法，对于学生综合能力的培育与提升具有重要意义。项目式学习通过将学习与实践相结合，让学生在解决实际问题的过程中进行探究和合作，培养他们的综合能力。通过深入研究项目式学习的实践案例和理论基础，可以更好地理解项目式学习对学生综合能力发展的积极影响，为教育实践提供有益的启示与借鉴。

一、有助于提升学生的综合素质

项目式教学是一种有助于培养学生综合素质的教学方法，具有以下几个特点。

首先，项目式教学注重实践和应用能力的培养。通过让学生参与实际项目的设计和实施过程，他们能够亲身体验真实的解决问题过程，锻炼解决现实问题的能力。这种实践性的学习方式有助于培养学生的创造力、深入探索思维和解决问题的能力。在项目式教学中，学生不仅仅是被动地接受知识，而是积极参与到项目中，运用所学的知识和技能解决实际问题。他们需要思考、分析、提出解决方案，并将其应用到实际情境中。这种实践性的学习过程激发了学生的主动性和创造性思维，培养了他们的实际操作能力和创新能力。

其次，项目式教学注重跨学科知识的整合。在项目实施过程中，学生需要综合运用不同学科的知识和技能，解决复杂的问题。这种跨学科的学习方式帮助学生将各学科的知识进行整合，形成更全面、更深入的理解。同时，跨学科的学习也培养了学生的综合思考和综合应用能力，使他们能够更好地应对现实生活中的复杂情境。另外，项目式教学还注重学生的团队合作和沟通能力的培养。在项目中，学生需要与同伴合作，共同完成任务。他们需要相互交流、协调分工、解决冲突，以达到项目的目标。这种团队合作的学习方式培养了学生的合作精神、沟通技巧和团队协作能力。通过与他人合作，学生学会了倾听他人意见、尊重他人观点，并学会了通过协商和合作达成共识。

总之，项目式教学有助于培养学生跨学科综合素养。它促进了学生的跨学科思维，强调了学生的自主学习和探究精神，提高了学生的合作与沟通能力，培养了学生的实践和应用能力。这些特点共同促进了学生综合素养的培养，使学生在解决实际问题和面对复杂情境时能够综合运用各学科的知识和技能，成为具有跨学科综合素养的全面发展的学习者。在项目中，学生需要整合和运用各种学科的知识和技能来解决问题。例如，在解决一个环境问题的项目中，学生需要调研、分析数据、运用科学知识、进行社会调查等，这有助于培养学生的跨学科思维和综合能力。

二、有助于培养学生的主动性和合作性

项目式教学强调学生的主动性和合作性。学生在项目中扮演主动的角色，自主地制定目标、规划过程和评估成果。他们需要与团队成员合作，共同解决问题并展示成果。这有助于培养学生的自主学习、合作与沟通能力，以及培养良好的团队合作意识。项目式教学是一种注重学生主动参与和合作的教学方法，具有有助于培养学生合作性的特点。

首先，项目式教学鼓励学生在团队中合作解决问题。老师给学生分配不同的角色和任务，学生需要在项目中展示出良好的合作能力，相互协作、协调并共同完成项目的目标。这种合作性的学习方式有助于培养学生的团队合作能力和协作精神，让他们学会倾听、尊重他人的观点，并学会通过合作达到共同的目标。

其次，项目式教学鼓励学生进行交流和讨论。在项目的过程中，学生需要与团队成员进行密切的交流和合作，共同解决问题并分享各自的见解和思考。通过交流和讨论，学生能够相互启发、交流想法、表达观点，并从中获得集体智慧。这种交流和讨论的过程促进了学生之间的相互学习和合作，培养了学生的沟通、表达和合作能力。

最后，项目式教学提供了学生开展小组合作和团队项目的机会。在项目中，学生需要共同规划和分配任务，根据各自的专长和兴趣展开合作。这种小组合作和团队项目的方式可以让学生互相支持、相互配合，并学会有效地处理和协调彼此之间的差异和意见。通过这种合作性的学习方式，学生能够培养建立信任、理解和包容他人的能力，提高集体目标的实现能力。

总之，项目式教学具有有助于培养学生合作性的特点。它通过团队协作解决问题、交流和讨论以及小组合作和团队项目的机会，培养学生

的团队合作能力、沟通表达能力和协调能力。这种合作性的学习方式不仅能促进学生的个人发展，还培养了学生与他人合作共事的能力，为其未来的学习和工作奠定了基础。

三、有效利用情境化教学方式

项目式教学注重真实性和情境化的教学。学生在项目中面对真实的问题和情境，需要运用所学知识和技能解决问题，加强了学习的意义和实际应用性。这种情境化的教学能够培养学生的情感态度、价值观念和道德意识。项目式教学是一种以项目为核心的教学方法，具有真实性和情境化的特点。

首先，项目式教学注重提供真实的学习情境。通过设计与实际生活紧密相关的项目，学生可以在真实的情境中学习和应用知识。他们能够面对真实的问题、挑战和需求，提高解决问题的能力。这种真实性的学习环境使学生能够直接感受和体验到知识的应用和实际意义，从而增强学习的动机和意义。

其次，项目式教学强调情境化的学习。在项目中，学生通常需要在一个具体的情境中进行学习和实践。这种情境化的学习能够激发学生的兴趣和积极性，提高学习的效果。例如，在一个生态保护的项目中，学生可以通过参观自然保护区、实地考察、模拟实验等方式，亲身体验和感受到生态保护的重要性，增强他们的环境意识和社会责任感。

再次，项目式教学还注重提供多样化的学习体验。通过项目中的模拟情境、小组合作、实践实验等活动，学生可以在不同情境中进行学习和探索，拓宽他们的学习视野和经验。这种多样化的学习体验有助于培养学生的创造力、深入探索思维和解决问题的能力。

总之，项目式教学具有真实性和情境化的特点。通过提供真实的学习情境和情境化的学习体验，项目式教学使学生能够在具体、真实的情境中学习和应用知识，增强学习的动机和意义。这种情境化的学习能够激发学生的兴趣和积极性，提高学习效果。同时，多样化的学习体验也有助于培养学生的创造力和解决问题的能力。这些特点共同促进了学生的综合素养和能力的培养。

综上所述，项目式教学具有真实性和情境化的特点，能够提升学生的合作能力，并促进学生综合素质的全面发展，项目式教学具有真实性和情境化的特点，能够提升学生的合作能力，并促进学生综合素质的全面发展。通过真实的学习环境和情境化的学习方式，学生能够将所学的知识和技能应用到实际情境中，增强学习的实用性和意义。同时，项目式教学注重合作性学习，培养学生的团队合作能力和协作精神，以及提高创造力和解决问题能力。这些特点共同作用，使项目式教学成为一种有效的教学方法，为学生的综合素质发展提供良好的支持和促进。因此，项目式教学有助于培养学生核心素养。它通过实践和应用能力的培养，促进跨学科的综合素养发展，培养学生的主动性、合作性和自主学习能力。同时，它注重真实性和情境化的教学，培养学生的情感态度和价值观念。这些特点共同作用，使得项目式教学成为培养学生核心素养的有效途径。

第六节　项目式学习有助于学生核心素养的培育

《义务教育道德与法治课程标准（2022年版）》（以下简称“新课标”）中对道德与法治课程要培养的核心素养作出了明确界定，核心素养主要包括政治认同、道德修养、法治观念、健全人格、责任意识，并将这五项核心素养的内涵定义为：“政治认同是社会主义建设者和接班人必须具备的思想前提，道德修养是立身成人之本，法治观念是行为的指引，健全人格是身心健康的体现，责任意识是担当民族复兴大任时代新人的内在要求。”以下是项目式学习对培养学生每一项核心素养的详细论述。

一、政治认同

新课标对政治认同的定义是：“具备热爱伟大祖国、中华民族、中华文化、中国共产党、中国特色社会主义情感，以及为中华民族伟大复兴而奋斗的志向，能够自觉践行和弘扬社会主义核心价值观。”项目式学习可以帮助学生了解并参与社会和政治实践。通过参与各种项目，学生可以深入了解社会问题、公共事务和政策制定过程，从而形成对政治系统的认同感，从而更加了解我国的政治制度、价值观和文化传统，增强国家意识和社会责任感，从而理解一些重要的国家政治决策，进而开始关注社会公共利益，承担社会责任，了解自身在社会发展中的地位和作用。项目式教学提供了一种有益的教育途径，有助于提升学生爱党、爱国、爱人民的情感。

首先，通过项目式教学，学生能够深入了解自己所在国家的历史、文化和社会发展情况。他们可以通过探索并参与项目，更好地了解国家的发展脉络和国民的团结合作。这种深入的了解有助于培养学生对国家的认同感和自豪感，激发他们对国家的热爱和责任感。

其次，项目式教学注重培养学生的社会责任感和公民意识。通过项目的实施，学生需要面对社会问题和挑战，并积极参与社会实践和公益活动。通过实践和参与，学生能够更好地认识到自己作为公民的责任和义务，增强对社会的关注和参与意识。这种社会责任感和公民意识的培养有助于激发学生对国家和人民的关爱，推动他们积极为社会进步贡献力量。

最后，项目式教学强调学生的合作与沟通能力。在项目中，学生通常需要与团队成员进行合作，并共同制定解决方案。通过与他人的合作，学生能够培养团队合作和沟通技巧，学会倾听他人的观点，理解和尊重他人的意见。这种合作性的学习过程有助于培养学生的集体主义意识和团队精神，促使他们更容易理解和体验到团结互助的力量，从而进一步提升他们对国家和人民的情感认同。

总之，项目式教学在提升学生的爱党、爱国、爱人民的情感方面具有重要作用。它通过深入了解国家的历史和文化、培养社会责任感和公民意识以及促进学生的合作和沟通能力，激发学生对国家和人民的热爱和关怀。通过项目式教学的实践与参与，学生能够更好地认识到自己在国家发展中的重要性，感受到个人与国家、人民的紧密联系，进一步巩固和提升他们的爱国、爱人民意识。

二、道德修养

新课标对道德修养的定义是："养成良好的道德品质和行为习惯，把道德规范内化于心、外化于行。"项目式学习可以培养学生的道德观念和品德素养，鼓励他们在团队合作、解决问题和决策制定过程中面对伦理和道德问题。通过项目中的讨论和反思，学生将学会尊重他人、负责任地行动，培养良好的道德判断力和决策能力，培养高尚的道德品质，使其在处理人际关系、面对道德抉择时能够坚持正确的道德标准。项目式教学在提升学生道德品质和良好行为习惯方面具有明显的优势。

首先，通过项目式教学，学生在实际项目中面临各种情境和挑战时，不仅需要运用所学知识和技能，还需要展现出良好的道德品质。在团队合作中，学生需要遵守公平、尊重和合作的原则，倾听和尊重他人的意见，并共同致力于完成共同的目标。这种合作与互助的过程培养了学生的责任感、团队合作能力和社会情感，使其具备良好的道德品质。

其次，项目式教学鼓励学生承担社会责任。在项目中，学生经常以解决社会问题为目标，通过分析问题背后的道德和伦理考量，设计并实施解决方案。例如，在一个环保项目中，学生需要关注生态环境和可持续发展，并提出相应的措施和行动。这种参与社会解决问题的经历，使学生能够认识到自己的社会责任和作用，培养他们的公民意识，并激发他们对社会公益的关注和参与。

最后，项目式教学还通过情境化的学习方式，培养学生的良好行为习惯。学生在项目中不仅需要展示学科知识，还需要展现出良好的学习态度、自律能力和时间管理能力。他们需要自主学习、探索问题、制订学习计划，并按时完成任务。这种自主管理和自律的能力通过项目式教学得到锻炼和培养，帮助学生养成良好的学习习惯和行为规范，为其未来的学习和生活打下坚实的基础。

总之，项目式教学在提升学生道德品质和良好行为习惯方面具有明显的优势。通过合作与互助，学生在项目中培养了责任感、团队合作能力和社会情感，形成了良好的道德品质。同时，参与社会问题的解决过程，激发了学生的公民意识和社会责任感。此外，通过情境化的学习方式，项目式教学培养了学生的自主管理和自律能力，帮助他们养成良好的学习习惯和行为规范。这些优势综合起来，为学生的道德意识、行为习惯和社会责任感的培养提供了有力的支持。

三、法治观念

新课标对法治观念的定义是："树立宪法法律至上、法律面前人人平等、权利义务相统一的理念，使尊法学法守法用法成为人们的共同追求和自觉行为。"项目式学习可以帮助学生了解和认同国家的法律法规，增强法律意识，培养法治观念，做到遵纪守法。

在项目中，学生将面临与法律和规章制度相关的问题，需要了解并遵守相应的法律法规。通过与专业人士的合作或实地参观，学生可以深入了解法律系统和法律程序，并增强对法治原则和法律价值的认识。这将帮助他们成为守法公民，树立正确的法治观念。项目式教学在提升学生道德品质和良好行为习惯方面具有明显的优势。

首先，通过项目式教学，学生在实际项目中面临各种情境和挑战时，不仅需要运用所学知识和技能，还需要展现出良好的道德品质。在团队合作中，学生需要遵守公平、尊重和合作的原则，倾听和尊重他人的意见，并共同致力于完成共同的目标。这种合作与互助的过程培养了学生的责任感、团队合作能力和社会情感，使其具备良好的道德品质。

其次，项目式教学鼓励学生承担社会责任。在项目中，学生经常以解决社会问题为目标，通过分析问题背后的道德和伦理考量，设计并实施解决方案。例如，在一个环保项目中，学生需要关注生态环境和可持续发展，并提出相应的措施和行动。这种参与社会解决问题的经历，使学生能够认识到自己的社会责任和作用，培养了他们的公民意识，并激发了他们对社会公益的关注和参与。

最后，项目式教学还通过情境化的学习方式，培养学生的良好行为习惯。学生在项目中不仅需要展示学科知识，还需要展现出良好的学习态度、自律能力和时间管理能力。他们需要自主学习、探索问题、制订学习计划，并按时完成任务。这种自主管理和自律的能力通过项目式教学得到锻炼和培养，帮助学生养成良好的学习习惯和行为规范，为其未来的学习和生活打下坚实的基础。

总之，项目式教学在提升学生道德品质和良好行为习惯方面具有明显的优势。通过合作与互助，学生在项目中培养了责任感、团队合作能力和社会情感，形成了良好的道德品质。同时，参与社会问题的解决过程，激发了学生的公民意识和社会责任感。此外，通过情境化的学习方式，项目式教学培养了学生的自主管理和自律能力，帮助他们养成良好的学习习惯和行为规范。这些优势综合起来，为学生的道德意识、行为习惯和社会责任感的培养提供了有力的支持。

四、健全人格

新课标对健全人格的定义是："具备正确的自我认知、积极的思想品质和健康的生活态度。"项目式学习强调学生的全面发展和个性成长，包括认知、情感、行为等多个方面，形成健康、积极、乐观的人生态度。通过参与各种项目，学生将面对挑战和困难，培养解决问题的能力和抗压能力。他们将学会自我管理、自我激励和自我评估，培养积极乐观的心态和健康的情感态度。这将有助于他们形成健全的人格，发展自我意识和自信心，适应多元化的社会环境。项目式教学在促使学生具备积极思想和健康自我认知方面具有重要的优势。

首先，项目式教学鼓励学生主动思考和探索。在项目中，学生需要自主选择和解决问题，他们需要独立思考、提出独立见解，并通过实践来验证和完善自己的想法。这种主动思考和积极探索的过程培养了学生的独立思维能力，使他们能够理解并分析问题，并寻找解决问题的创新方法。这种积极思考的倾向能够培养学生的自信心和积极性，使他们更愿意积极参与学习和生活中的各个方面。

其次，项目式教学注重学生的实践经验。学生在项目中通过实际的探索和实践，切身体验到知识的应用和实际问题的解决。这种实践经验使学生能够理解理论与实践之间的联系，增强学习的实用性和意义。通过实践，学生能够更好地认识自己的能力和潜力，形成积极的自我认知。他们能够根据实际反馈不断调整和改进自己的方法，培养健康的自我认知和成长的心态。

最后，项目式教学强调学生的反思和评价能力。在项目完成后，学生需要回顾整个过程并进行自我评价。他们需要思考自己在项目中的角色和责任，分析项目的成果和不足，并提出改进的方法和建议。这种反思和评价的过程帮助学生认识自己的优点和不足，培养自我反思和持续改进的能力。通过不断反思和评价，学生能够形成积极的学习态度和成长的心态，促使其在学习和生活中不断进步和发展。

总之，项目式教学在促使学生具备积极思想和健康自我认知方面具有显著的优势。通过主动思考和积极探索，学生能够培养独立思维能力和积极性，更愿意参与学习和生活。通过实践经验和实际问题的解决，学生能够理解理论与实践之间的联系，形成积极的自我认知。同时，通过反思和评价能力的培养，学生能够持续改进和发展，形成积极的学习态度和成长的心态。这些优势综合起来，有助于学生具备积极思想和健康自我认知，为他们的终身学习和成长奠定坚实基础。

五、责任意识

新课标对责任意识的定义是：“具备承担责任的认知、态度和情感，并能转化为实际行动。”项目式学习可以帮助学生了解自己的责任和义务，鼓励学生承担责任并为自己的行动负责。在项目中，学生需要培养对自己行为负责的态度，制订计划、组织资源、合作团队以达成目标，这要求他们承担责任，并对自己的行动和决策承担后果。通过经历项目的全过程，学生将培养责任感、团队协作和执行力，同时也可以增强学生对社会和环境的责任感和使命感，理解自己的作用和责任在集体中的重要性。项目式教学在促使学生具备承担责任意识和情感方面具有显著的优势。

首先，通过项目式教学，学生在实际项目中扮演着主动的角色，需要自主选择并制定解决方案。这种主动参与的经历让学生意识到自己对项目的负责和影响力，激发了他们承担责任的意识。学生在项目中需要承担特定的角色和任务，理解自己的责任，并为达成项目目标付出努力。这种承担责任的经验培养了学生的责任感和自信心，使他们能够成为具有自主和积极思维的学习者。

其次，项目式教学注重学生情感的培养。通过参与项目，学生可以与问题和挑战进行深入接触，体验到成就感和挫折感。在项目中，他们可能面临困难和障碍，需要适应和解决，这种经历有助于培养学生的坚韧精神和情绪管理能力。同时，项目式教学也提供了一个情感交流的平台，学生可以分享彼此的想法、感受和成就，建立起互相支持和鼓励的关系。这种情感的交流和培养有助于学生建立积极的情感连接，增强他们的自尊感和社交能力，提升健康的自我认知。

最后，项目式教学还鼓励学生对于项目主题的情感投入和思考。学生通过深入探索和研究项目涉及的议题，可以培养对社会和世界的关心和思考能力。他们可以了解到不同人群的情况和需求，培养同理心和包容性，同时也可以思考解决这些问题的道德和伦理观念。这种情感投入和思考的培养有助于学生形成积极的思想意识，加深对社会和人类的认知，提升他们的社会情感和道德素质。

总之，项目式教学在促使学生具备承担责任意识和情感方面具有重要的优势。通过主动参与项目、承担责任的经验，学生能够培养责任感和自信心，成为积极思维的学习者。项目式教学也注重情感的培养，通过面对挑战和交流合作，学生可以培养坚韧精神和情绪管理能力，建立积极的情感连接。此外，通过深入探索和研究，学生可以建立对社会和世界的关心和思考能力，提升他们的社会情感和道德素质。这些优势综合起来，为学生的积极思想和健康自我认知的发展提供了有力的支持。

六、总结

本节主要讨论了项目式学习对学生核心素养的培育的五个方面：政治认同、道德修养、法治观念、健全人格和责任意识。

首先，在政治认同方面，项目式学习可以通过提供实际的政治参与机会，帮助学生深入了解政治体制和价值观念，增强其对国家和社会的认同感。

其次，道德修养是项目式学习中的重要内容，通过参与各种社会实践项目，学生能够培养正确的道德观念和行为习惯，提高道德意识和道德判断能力。

再次，项目式学习还能够培养学生的法治观念，通过参与模拟法庭、法律研究等项目，学生能够了解法律的重要性，增强对法治的信仰和遵守法律的意识。

从次，在健全人格方面，项目式学习注重培养学生的综合素质和个性发展，通过参与各种实践项目，学生能够提高自我管理能力、团队合作能力和创新思维能力，形成健全的人格。

最后，项目式学习还能够培养学生的责任意识，通过参与社区服务、环境保护等项目，学生能够认识到自己对社会和环境的责任，培养出具有社会责任感的行为习惯。

综上所述，项目式学习可以培养学生的政治认同、道德修养、法治观念、健全人格和责任意识等核心素养，使其成为具有社会责任感、全面发展、有担当的优秀人才。

七、本章小结

本章主要探讨了将项目式学习融入小学道德与法治课的必要性、可行性以及对学生综合能力和核心素养的培育与提升的影响。

首先，本章介绍了项目式学习的概念，并阐述了将其应用于小学道德与法治课的必要性，包括培养学生正确的三观、提升学生的解决问题能力、提升教学效果、满足学生的个性化需求以及培养学生的团队协作能力等方面的重要性。

其次，本章分析了将项目式学习融入小学道德与法治课的可行性，包括课程特点与项目式学习的匹配性以及教学理念与项目式学习的匹配性。在此基础上，本章进一步探讨了基于项目式学习的小学道德与法治教学的特点，包括塑造学生正确的三观、提升教学质量以及培育学生的核心素养等方面的重要性。

最后，本章总结了项目式学习对学生综合能力的培育与提升的影响，包括提升学生的综合素质、培养学生的主动性和合作性以及有效利用情境化教学方式等方面的重要性。

综上所述，项目式学习在小学道德与法治课中的应用具有重要的意义，可以促进学生的综合能力和核心素养的全面发展。

第二章　将红色文化和中华优秀传统文化融入小学道德与法治课项目式学习的教学设计

本章旨在探讨如何将红色文化和中华优秀传统文化有机地融入小学道德与法治课项目式学习的教学设计。随着社会的发展和教育的进步，培养学生的核心素养已经成为教育界的共识。而项目式学习作为一种有效的教学方法，通过将学生置于实际情境中，提供综合性的学习体验，培养学生的批判思维、创新能力和团队合作精神。红色文化和中华优秀传统文化作为中华民族宝贵的精神财富，具有深厚的历史底蕴和积极的社会意义。因此，将红色文化和中华优秀传统文化融入小学道德与法治课的项目式学习，不仅可以增强学生的政治认同、道德修养和法治观念，还能够培养学生健全人格和责任意识。本章将通过分析相关理论和实践案例，提出一套科学有效的教学设计，以期为小学道德与法治课的教学提供有益的借鉴和启示。将红色文化和中华优秀传统文化作为主线展开道德与法治教学，可以让学生有效认知社会主义核心价值观的深刻内涵。为更好地将红色文化和中华优秀传统文化融入小学道德与法治课项目式学习的教学设计，本章从项目式学习的教学理念与教学流程开始，再结合红色文化和中华优秀传统文化进行小学道德与法治课的教学设计。

红色文化是中国共产党领导下的革命文化，它包含了丰富的内容和深刻的精神含义。首先，红色文化涵盖了党的光辉历程和伟大斗争的事迹。学习红色文化可以让小学生了解中国共产党的光辉历史，包括党的创建、革命斗争、建设发展等各个阶段的重要事件和英雄人物。通过学习这些历史事实，学生能够深刻认识到中国共产党是中国革命的领导核心，是中国社会主义事业的伟大引领者。其次，红色文化弘扬了革命精神和价值观。红色文化强调了为人民服务、无私奉献、艰苦奋斗、团结协作等一系列革命精神和价值观念。学习红色文化可以使小学生树立正确的人生观、价值观，培养崇高的社会责任感和集体主义意识。同时，红色文化也强调了民族精神和民族自豪感，让学生对中华民族的伟大历史和文化传统有更深刻的认识和理解。最后，红色文化还强调了爱国主义和社会主义核心价值观。学习红色文化可以让小学生对祖国的热爱和对社会主义事业的信仰有更加深刻的体验和认识。红色文化教育可以培养学生的爱国情感，使他们具备强烈的民族自豪感和文化认同感，激发他们为实现中华民族伟大复兴而努力奋斗的热情和动力。总之，红色文化所包含的内容和精神含义是非常丰富和深刻的。通过学习红色文化，小学生可以深入了解中国共产党的光辉历程和伟大斗争，培养正确的人生观、价值观，树立爱国主义情感，激发为实现中华民族伟大复兴而奋斗的热情。因此，小学生学习红色文化的必要性不言而喻，它对于培养学生的政治认同、道德修养和社会责任感具有重要的意义。

中华优秀传统文化是中华民族的宝贵遗产，包含着丰富的内容和深远的精神含义。其中主要包括：

一是儒家文化，儒家文化是中华优秀传统文化的重要组成部分，强调人伦关系、道德修养和社会秩序。儒家思想强调仁爱、孝道、忠诚、礼仪等价值观念，倡导个人修身齐家治国平天下，追求和谐稳定的社会秩序。

二是诗词文化，诗词是中华优秀传统文化的重要表达形式，具有丰富的情感和哲理。通过学习诗词，人们能够得到美的享受，感悟人生真谛，培养审美情趣和文学素养。

三是经典文化，中国的经典著作如《论语》《孟子》《大学》等，蕴含着深刻的思想和智慧。通过学习经典文化，人们能够汲取古人的智慧，引导行为，塑造品格。

此外，中华优秀传统文化强调道德修养和行为规范，倡导仁爱、孝道、忠诚等道德价值观念，引导人们做一个有道德底线的人。中华优秀传统文化倡导人与人、人与自然的和谐共处，强调和睦相处、互助合作，追求社会和谐稳定和自然生态的平衡。在自我修养方面，中华优秀传统文化注重个人的内在修养和自我完善，倡导修身齐家治国平天下，追求个人的道德境界和人格完美。中华优秀传统文化注重艺术的表达和欣赏，通过诗词、音乐、绘画等艺术形式，培养审美情趣，提升个人的艺术修养。中华优秀传统文化也承载着中华民族的历史记忆和文化传统，通过学习中华优秀传统文化，人们能够了解自己的根源和文化身份，增强文化自信。总之，中华优秀传统文化的内容丰富多样，其精神含义体现在道德观念、和谐共处、自我修养、艺术美感和历史传承等方面，对于个人的道德修养、文化素养和社会发展具有重要意义。

项目式学习是一种以项目为核心的学习方法，通过学生自主探究、合作实践和跨学科整合，促进深度学习和综合能力的培养。对于小学生学习红色文化和中华优秀传统文化而言，项目式学习具有许多优势和益处。

首先，项目式学习能够激发学生的学习兴趣和主动性。通过以红色文化和中华优秀传统文化为主题的项目，学生可以参与到实际情境中，自主选择和探究感兴趣的内容，从而增强学习的主动性和积极性。他们可以通过实地考察、访谈调研、文献阅读等方式，深入了解红色文化和中华优秀传统文化的内涵和精神，从而激发学习的兴趣和动力。

其次，项目式学习能够培养学生的综合能力和合作精神。在项目式学习中，学生需要进行团队合作、资源整合、解决问题等多种能力的训练。通过与同学合作，学生可以相互协作、相互学习，培养团队合作和沟通能力。同时，项目式学习还可以锻炼学生的解决问题能力和创新思维，培养他们的深入探索思维和创造性思维，从而提升综合能力和创新能力。

再次，项目式学习能够促进红色文化和中华优秀传统文化的跨学科整合。红色文化和中华优秀传统文化涉及历史、语言、文学、艺术等多个学科领域。通过项目式学习，学生可以将这些学科知识进行整合和应用，促进学科之间的交叉融合。例如，学生可以通过文学作品创作、艺术品设计等方式，将红色文化和中华优秀传统文化的精神表达出来，从而提升对文化的理解和感知。

总之，项目式学习有利于小学生学习红色文化和中华优秀传统文化。它能够激发学生的学习兴趣和主动性，培养学生的综合能力和合作精神，促进红色文化和中华优秀传统文化的跨学科整合。因此，通过项目式学习的方式，可以更好地实现小学生对红色文化和中华优秀传统文化的学习和理解。

第一节　将红色文化和中华优秀传统文化融入小学道德与法治课项目式学习的教学理念

一、将红色文化和传统文化融入道德与法治课堂的必要性

根据教育部下发的《中小学德育工作指南》（以下简称《指南》），德育工作的总体目标中明确提出："培养学生爱党爱国爱人民，增强国家意识和社会责任意识，教育学生理解、认同和拥护国家政治制度，了解中华优秀传统文化和革命文化、社会主义先进文化。"传统文化中蕴含着丰富的道德观念和价值理念，可以用来引导学生形成正确的道德观念。红色文化中的英雄事迹，如革命先烈的故事和抗日战争胜利的历

程，能够引导学生树立起爱国主义情感和民族自豪感，其中革命精神和奋斗精神，能够教育学生正确认识社会责任，培养他们为人民、为社会贡献力量的意识和行动。因此将传统文化和红色文化融入小学道德与法治课的教学设计是一种有意义且有效的教学方法。

《指南》中同样明确了，实施途径除了需要“课程育人”，也需要“活动育人”“实践育人”，这也符合项目式以实践探究为主的特性。项目式学习是一种基于实践和合作的学习方法，通过项目活动的设计与实施，培养学生的创新思维、解决问题能力和合作精神。将项目式学习融入小学道德与法治课的教学设计，可以使学生更主动地参与学习，深入理解和感知道德与法治的重要性，培养他们的社会责任感和法律意识。

在当今社会，小学道德与法治课的教学设计已经成为教育领域的热点话题。随着社会的发展和变革，传统的道德与法治教育模式已经难以满足学生全面发展的需求。因此，如何将红色文化和传统文化融入小学道德与法治课的项目式学习中，成了一个备受关注的问题。

红色文化是中国共产党领导下的革命文化，具有浓厚的时代特色和政治意义。通过学习红色文化，学生能够深入了解党的光辉历程、英雄人物的事迹和伟大斗争的精神，增强对祖国的热爱和对党的信仰。而传统文化是中华民族的宝贵财富，包含了丰富的道德观念、价值观念和行为规范。通过学习传统文化，学生能够培养正确的道德观念、家国情怀和社会责任感。

将红色文化和传统文化融入小学道德与法治课的项目式学习中，具有重要的教育意义。首先，这种教学设计可以帮助学生深入了解和体验红色文化和传统文化的内涵，激发学生学习的兴趣和动力。其次，通过项目式学习的方式，学生能够主动参与，积极探索，培养自主学习和合作学习的能力。此外，红色文化和传统文化的学习可以与道德与法治知识相结合，使学生在实践中理解和应用道德法治观念，提高道德判断和行为规范的能力。

综上所述，将红色文化和传统文化融入道德与法治课堂，可以加深学生对道德与法治的认识和理解，培养学生的爱国情怀和社会责任感。因此，本章将探讨如何将红色文化和传统文化融入小学道德与法治课的项目式学习的教学设计，旨在为提升学生的道德素养和法治观念提供有效的教育方法和策略。通过研究和实践，期望能够为小学道德与法治课的改革和发展提供有益的借鉴和启示。

（一）将红色文化和传统文化融入道德与法治课堂的重要性

小学生学习红色文化和传统文化的重要性不可忽视。首先，红色文化作为中国革命和建设的重要组成部分，具有丰富的历史和文化内涵。通过学习红色文化，小学生可以深入了解中国共产党的光辉历程、英雄人物的奋斗精神，激发他们的爱国情怀和民族自豪感。其次，传统文化是中华民族的宝贵遗产，蕴含着丰富的道德观念、价值观和行为规范。通过学习传统文化，小学生可以培养良好的道德修养，学会尊重长辈、关爱他人，形成正确的价值取向和行为习惯。此外，小学生学习红色文化和传统文化还有助于提升他们的综合素养和文化修养。红色文化和传统文化融入教育教学，可以激发小学生的学习兴趣和主动性，培养他们的创新思维、团队合作和表达能力。综上所述，小学生学习红色文化和传统文化对于他们的思想道德建设、文化素养提升以及全面发展具有重要的意义和重要性。

红色文化和传统文化在小学道德与法治课堂中的融合，对于小学生的道德教育具有不可替代的重要性。红色文化的核心是革命精神、爱国主义和集体主义，这些价值观能够激发学生的爱国情感和集体荣誉感。通过学习革命先烈的英勇事迹，小学生可以深刻理解到个人与国家、民族的紧密联系，从而培养他们为国家和民族的未来贡献自己力量的意识。与此同时，传统文化中的孝道、忠诚、礼仪等美德，为小学生提供了行为的准则和道德的指引。孝道教育可以帮助学生理解尊重长辈、关爱家人的重要性；忠诚教育则教导他们诚实守信，对朋友、对集体保持忠诚；礼仪教育则强调在社会交往中应有的礼貌和尊重。这些传统美德的传授，有助于小学生在日常生活中形成良好的行为习惯，培养他们的社会责任感。将这两种文化融入道德与法治课堂，可以形成一个综合的价值观教育体系。

红色文化的革命精神和爱国主义与传统文化能够共同塑造小学生的道德品格。这种教育不仅能够帮助学生认识到个人行为与社会规范的关系，还能够激发他们积极参与社会生活，为建设和谐社会作出贡献。此外，红色文化和传统文化的教育还能够增强小学生的历史意识和文化自信。了解和学习这些文化，可以帮助他们更好地理解中国的历史和文化传统，增强民族自豪感和文化认同感。在全球化的今天，这种文化自信对于培养具有国际视野和民族精神的新一代尤为重要。总之，红色文化和传统文化在小学道德与法治课堂中的融合，对于小学生的道德教育、社会责任感的培养、历史意识的增强以及文化自信的建立，都具有深远的影响和重要的意义。

综上所述，将红色文化和传统文化融入小学道德与法治课堂，不仅能够培养学生的社会主义核心价值观，改善学校学习环境，营造积极向上的学习氛围，还能够推动小学生思想政治教育的发展。这种教育方法有助于培养更多有责任感和家国情怀的优秀人才，为社会主义建设贡献力量。

（二）红色文化和传统文化融入道德与法治课堂的策略

红色文化和传统文化在小学道德法治课程中的运用策略是关键，需要通过有效的方式融入课堂教学，开发适合小学生的红色文化和传统文化素材，营造积极向上的学习氛围，并策划相关教学活动来提升学生对红色文化和传统文化的兴趣。

将红色文化和传统文化有效融入课堂教学方面，在道德法治课程中，可以设置专门的红色文化和传统文化板块，将红色文化和传统文化的知识和精神内涵具体化。在这个板块中，可以引入红色文化和传统文化的相关历史故事、英雄人物以及相关的经典文献，鼓励学生深入了解和感知红色文化和传统文化。在教学过程中，可以结合具体的案例来讲解红色文化和传统文化的价值和意义。通过故事、图片、视频等形式展示，让学生感受到红色文化和传统文化的力量和精神。

在开发红色文化和传统文化的素材方面，教师课前应整理红色文化和传统文化类的优秀文献，如《红岩》《红色传记》等，创作适合小学生阅读的红色文化和传统文化故事书，以便学生能够通过阅读了解和体验红色精神。并充分利用信息技术，开发适合小学生的红色文化和传统文化多媒体教材，如动画片、纪录片、游戏等，以吸引他们的注意力并增加对红色文化和传统文化的兴趣。

在营造红色文化和传统文化的学习氛围方面，在学校的各大宣传板块，例如校内刊物，走廊的班务公开栏，还有课堂中设置红色文化和传统文化的主题墙，贴上与红色文化和传统文化相关的图片、标语、名言，以营造浓厚的学习氛围。同时定期组织红色文化和传统文化展览和主题讲座，展示学生学习红色文化和传统文化的成果，鼓励学生主动参与和分享，增强对红色文化和传统文化的理解和认同。

在策划相关教学活动提升学生兴趣方面，一是开展红色文化和传统文化讲座和讨论，邀请专家学者进行红色文化和传统文化讲座，引导学生思考和讨论，促进同学之间的交流沟通，提高他们对红色文化和传统文化的兴趣和学习热情。二是在课余组织实地考察和实践活动，带领学生参观红色革命纪念地、烈士陵园等，亲身感受红色文化和传统文化的现场氛围，提高学生对红色文化和传统文化的亲近感和体验感。

通过以上策略的运用，将红色文化和传统文化有效融入小学道德法治课堂，可以激发学生对红色文化和传统文化的兴趣和热爱，增强他们的社会主义核心价值观，并营造积极向上的学习氛围，提升学生对道德法治课程的参与度和学习效果。

二、红色文化和传统文化融入道德与法治课堂提升学生的核心素养

红色文化和传统文化融入道德与法治课堂，对于提升学生的核心素养具有重要意义。根据2016年12月习近平总书记在全国高校思想政治工作会上的指示，思想政治工作作为教育的重要组成部分，应当贯穿于教育教学的全过程，这不仅涉及知识的传授，更关乎于价值观的塑造和人格的培养。首先，思政教育需要与其他学科课程形成协同效应。通过跨学科的整合，可以让学生在不同领域中体验和理解思想政治教育的内涵。例如，语文课程中的文学作品可以展现传统文化的精髓，历史课程可以让学生了解国家的发展脉络和红色文化的形成，而艺术和音乐课程则可以通过直观的形式，让学生感受文化的魅力。其次，小学时期是塑造学生思想政治观念的关键时期。在这个阶段，学生的世界观、人生观和价值观正在形成，因此，将红色文化和传统文化融入道德与法治课堂，可以为学生的思想政治教育提供有力的推动作用。这不仅能够帮助学生建立起正确的历史观和民族观，还能够培养他们的爱国情感和社会责任感。

小学时期是塑造学生思想政治观念的关键时期。在这个阶段，学生的世界观、人生观和价值观正在形成，红色文化和传统文化的融入可以帮助学生建立起正确的历史观。通过学习革命先烈的英勇事迹和中华民族的优秀传统文化，学生可以更加深刻地理解中国的历史发展和文化传承，从而形成对国家和民族的认同感和自豪感。同时，红色文化中的革命精神和爱国主义教育，还可以激发学生的爱国热情，使他们意识到作

为国家未来建设者的责任感和使命感，此外，传统文化中的孝道、忠诚、礼仪等美德，也是培养学生爱国情感的重要内容。这不仅能够帮助学生建立起正确的历史观和民族观，还能够培养他们的爱国情感和社会责任感。

总之，将传统文化和红色文化融入项目式学习中，可以收到更好的效果，提升学生的核心素养。项目式学习在小学道德与法治学科中具有重要价值，其能够提升学生的学习兴趣和自信心，促进学生的知识转化和高层次思维能力的培养，同时也有助于提升学生的核心素养。因此，未来小学道德与法治教学应积极探索和推广项目式学习，以更好地培育学生的核心素养，促进学生的全面发展和成长。

第二节　红色文化和中华优秀传统文化的资源开发

一、小学道德与法治课中的中华优秀传统文化资源的开发

第一，中华优秀传统文化融入道德与法治教材具有重要的价值。首先，中华优秀传统文化的故事和人物是道德法治教育的生动案例。红色文化中涌现出的英雄人物和感人故事，以及中华优秀传统文化中的经典故事和智慧箴言，都能够为学生提供具体的道德行为范例和价值观念，引导他们树立正确的道德观念和法治意识。

其次，中华优秀传统文化能够激发学生的情感共鸣和自豪感。通过学习中华优秀传统文化，学生可以深入了解中华民族的优秀传统和历史，增强对祖国和民族的热爱和自豪感。这种情感共鸣和自豪感能够激发学生积极向上的情感态度，促使他们自觉遵守道德规范和法律法规，成为有责任感和良好行为习惯的公民。

再次，中华优秀传统文化的学习可以培养学生的文化自信和民族认同。在全球化背景下，培养学生的文化自信和民族认同具有重要意义。通过学习中华优秀传统文化，学生能够深入了解中华民族的文化传统和精神追求，增强对中华文化的认同和尊重，形成积极的文化自我认同。这种文化自信和民族认同有助于学生树立正确的价值观念，增强文化自觉和文化自信，为社会主义核心价值观的践行提供坚实的文化支撑。

因此，中华优秀传统文化融入道德与法治教材具有重要的价值。它们能够提供生动的案例和范例，引导学生树立正确的道德观念和法治意识，激发学生的情感共鸣和自豪感，培养积极向上的情感态度；同时，通过学习中华优秀传统文化，学生能够增强文化自信和民族认同，形成积极的文化自我认同。因此，将中华优秀传统文化纳入小学道德与法治课教学，对于学生的道德素养、法治观念和文化自信的培养具有重要的意义。

第二，在小学道德与法治课的教学中，中华优秀传统文化与许多内容紧密联系。中华优秀传统文化作为中华民族的精髓，蕴含着丰富的道德观念和法治理念，对学生的道德素养和法治意识的培养具有重要影响。在中华优秀传统文化中，能够开发的精神谱系主要有以下几个部分。

一是民族精神是中华优秀传统文化的重要组成部分。民族精神强调对祖国和民族的热爱、尊重与忠诚，强调对家乡的热爱和关怀，培养学生对民族文化的认同感、自豪感，对社会和环境的责任感。在道德与法治课中，我们可以讲解爱国主义故事和先辈英雄事迹，激发学生对祖国的热爱和为国家作贡献的意识，并引入优秀的民族史诗、传统节日、传统习俗等文化资源，讲授地方传说、民间故事以激发学生对家乡的探索和保护的兴趣，让学生了解和传承先辈的智慧与优秀品质，培养他们的爱国主义情感和民族自豪感，加深他们对乡土文化的理解，培养他们的环保意识、社会责任感和公民意识，并了解自己作为国家未来栋梁的责任和使命，培养他们对家国情怀的追求。

二是引入儒家文化崇德修身的核心价值观。学生通过学习儒家的仁、义、礼、智、信等，了解道德修养的重要性。通过中华优秀传统文化中的经典之作，如《论语》《大学》等，学生将深刻认识到尊师敬道、行孝尽忠的文化传统，可以通过讲授孝道经典、家训家规等，引导学生树立正确的家庭观念和责任感，培养孝敬父母、尊重长辈的品德素养。同时，还可以利用中华优秀传统文化中的各种故事和典籍，让学生了解忠诚、正直等道德品质的重要性，培养他们的诚实守信、公正廉洁的行为模式。

三是天下为公是中华优秀传统文化中追求公平正义的核心价值观。我们可以借助于古代智慧人物的名言警句，引导学生了解公平、公正的重要性，培养他们的公民意识和法治观念。通过讨论和案例分析，让学生了解社会规则和法律的重要性，培养他们的法律意识和遵纪守法的观念。

综上所述，中华优秀传统文化与小学道德与法治课中的许多内容密切相关。将中华优秀传统文化作为主线展开道德与法治教学，可以让学生在接受知识的同时，深入领会家国情怀的深刻内涵，培养出对国家、社会和家庭的忠诚以及道德素养和法治意识，为今后成为有社会责任感和公民意识的优秀人才打下坚实基础，从而推进整体公民的道德素养的提升和全社会的健康发展。

二、小学道德与法治课中的红色文化资源的开发

将红色文化作为主线展开道德与法治教学，能够有效地增强学生的爱国情怀和提升他们的文化自信。红色文化是中国革命历史和中华民族精神的重要组成部分。在小学道德与法治课的教学中，可以充分利用红色文化资源，让学生了解和传承中国革命精神，培养他们的爱国情怀，并提升他们的文化自信。

党史是红色文化的重要组成部分。通过党史的学习，学生可以了解中国共产党的奋斗历程、党的优秀理论和党员干部的先进事迹。我们可以通过讲述党史中的重要事件和英雄人物，激发学生的爱国情怀，让他们深入体会中国共产党为了人民利益、民族独立和社会进步而英勇奋斗的精神。

革命精神与小学道德法治课具有密切的关联性。首先，革命精神是中华民族宝贵的精神财富，是培养学生正确道德观念和法治意识的重要资源。革命精神强调的爱国主义、革命精神、奉献精神等价值观念，与小学道德法治课所倡导的公平正义、尊重他人、守法守纪等道德观念相契合。通过学习革命精神，学生可以深刻认识到爱国主义的重要性，激发对祖国的热爱和自豪感，培养良好的道德品质和行为习惯。其次，革命精神是培养学生创新精神和实践能力的重要源泉。革命精神强调的实事求是、勇于探索、勇往直前等精神品质，与小学道德法治课所追求的创新思维、实践能力相呼应。通过学习革命精神，可以培养学生勇于尝试、勇于创新的精神，激发他们的创造力和实践能力，提高解决问题和应对挑战的能力。再次，革命精神是培养学生团结合作和社会责任感的重要基石。革命精神强调的团结协作、集体主义、社会责任等价值观念，与小学道德法治课所倡导的团队合作、公共利益、社会责任相一致。通过学习革命精神，学生可以培养团结合作的意识和能力，增强对集体和社会的责任感，促进和谐的人际关系和社会发展。总之，革命精神与小学道德法治课具有密切的关联性。革命精神作为宝贵的精神财富，可以为小学道德法治课提供丰富的价值观念和精神支持。通过学习革命精神，可以培养学生正确的道德观念和法治意识，激发创新精神和实践能力，促进团结合作和社会责任感的培养。因此，将革命精神纳入小学道德法治课教学中，对于学生的全面发展和道德素养的提升具有重要的意义。

红色经典故事也是红色文化的重要内容之一。这些故事以红色革命为背景，讲述了英雄们的奋斗史和英勇事迹，如《红色娘子军》《闪闪的红星》等。通过讲述这些经典故事，我们可以激发学生的爱国情怀，让他们感受到英雄人物的无私奉献精神和为人民利益而奋斗的决心。同时，这些故事也能提升学生的文化自信，让他们对中国革命历史和红色文化有更深刻的理解和认同。

通过将红色文化作为主线展开道德与法治教学，可以使学生更加深入地了解和传承红色文化，增强他们的爱国情怀和文化自信。学生将从中汲取勇于奋斗、团结协作、无私奉献等优秀品质，培养起崇高的道德观念和健全的法治意识。他们将认识到自己是红色文化的传承者，肩负着使命和责任，为了实现社会的和谐与进步而奋斗。

综上所述，开发小学道德与法治课中的红色文化资源能够有效地提升学生的爱国情怀和文化自信。通过党史和红色经典故事的学习，学生将加深对中国革命历史和红色文化的认知和理解，培养他们的爱国意识和家国情怀。同时，他们也能从中汲取道德品质和价值观念，进一步提升自身的道德素养和法治观念，为社会和国家的发展作出积极贡献。

第三节　红色文化和中华优秀传统文化教学的项目式设计

一、中华优秀传统文化主题的项目式教学设计

将中华优秀传统文化作为主线展开道德与法治教学，可以让学生有效认知中华优秀传统文化的哲学思想、价值观念和道德准则，从而影响其思维方式和行为模式。下面以小学道德与法治课五年级上册“骄人祖先　灿烂文化”单元为例进行教学主题设计。

第一，根据本单元内的教学内容，对单元的结构内容进行整理，设计中华优秀传统文化教学主题的教学主线，从以下每个部分的教学目标，明确教学主线的重点为：培养学生对中华优秀传统文化的兴趣和热爱，增强文化自信，了解祖先的伟大成就，培养对祖国的热爱和感恩之情，启发学生对中华优秀传统文化的思考，提倡正确的价值观。具体见表2–1。

表2–1　确定单元教学目标

<table>
<tr><th>单元</th><th>单元内容</th><th>课时</th><th>教学目标</th></tr>
<tr><td rowspan="6">骄人祖先
灿烂文化</td><td rowspan="2">美丽文字、民族瑰宝</td><td>1</td><td>1.了解中国文字多样性
2.了解中国文字历史，学习并了解书法艺术的发展</td></tr>
<tr><td>2</td><td>1.汉字承载着中华优秀传统文化
2.汉字对世界文化的影响</td></tr>
<tr><td rowspan="2">古代科技、耀我中华</td><td>1</td><td>1.了解中国古代科学家故事
2.了解中国古代科学发展的成就</td></tr>
<tr><td>2</td><td>1.了解中国古代技术发展的成就
2.了解中国四大发明推动了世界文明的进步</td></tr>
<tr><td rowspan="2">传统美德、源远流长</td><td>1</td><td>1.了解中华传统美德如何表现在个人修养上
2.将传统美德与现实相联系</td></tr>
<tr><td>2</td><td>1.了解中华传统美德如何表现在社会发展上
2.用中华传统美德指引自己的一言一行</td></tr>
</table>

第二，将以上内容进行整合，根据新课标的内容，以培育学生的核心素养为主线，提炼出每个部分的关联核心观点。具体见表2–2。

表2–2　提炼课程核心观点

<table>
<tr><th>单元</th><th>单元内容</th><th>课程内容</th><th>核心观点</th></tr>
<tr><td rowspan="6">骄人祖先
灿烂文化</td><td rowspan="2">美丽文字、民族瑰宝</td><td>汉字的发展史及中国书法魅力</td><td rowspan="2">政治认同、健全人格</td></tr>
<tr><td>汉字在中华文化与世界文化中的体现</td></tr>
<tr><td rowspan="2">古代科技、耀我中华</td><td>中国古代科学家故事</td><td rowspan="2">政治认同、道德修养</td></tr>
<tr><td>中国古代发明创造</td></tr>
<tr><td rowspan="2">传统美德、源远流长</td><td>中华传统美德与个人修养</td><td rowspan="2">政治认同、道德修养、健全人格、法治观念、责任意识</td></tr>
<tr><td>中华传统美德与社会发展</td></tr>
</table>

第三，根据上一步骤，找出单个课程内容与核心素养的联系，从而加强不同课时之间知识的联系，为整个教学框架的搭建指明方向，以“骄人祖先　灿烂文化”单元为例，可设计本次教学主题为：中华优秀

传统文化之旅。并根据此主题对教学步骤设计如表2–3。

表2–3　设计教学步骤

主题	单元内容	课时	课程主题	探究问题	教学活动	课后拓展
中华优秀传统文化之旅	美丽文字、民族瑰宝	1	汉字在中华优秀传统文化中的地位	为什么我国要推广普通话和规范汉字	让学生自己收集资料，讲一则汉字的小故事	中国书法与中国画之间的联系
		2		汉字体现了中华文明的那些特点		模仿中国书法的不同字体
	古代科技、耀我中华	1	中华古代的科学与技术	为什么中国古代科学家能有如此大的成就（提示工匠和奉献精神）	在上一单元知识的基础上，用相关教学道具体验活字印刷术	总结中国古代科学成就
		2		中国古代的科学成就对世界影响有哪些（提示从世界历史角度展开）		总结中国古代技术成就
	传统美德、源远流长	1	中华优秀传统文化中的个人修养	个人修养表现在哪些方面，如何提升个人修养	阅读儒家经典著作《论语》	制作勉励自己的书签
		2		如何在日常生活中应用换位思考		制订个人修养提升计划（提示：《论语》中的“君子一日省身三次”）

总而言之，根据新课标要求，以核心素养为主线开展小学道德与法治项目式学习教学设计是一种注重培养学生核心素养的教学理念。在这种教学设计中，教师通过确定教学目标，促进教学内容结构化、系统化，总结教学主题等方面进行论述，以提升学生的综合素养和道德法治意识。

首先，在确定教学目标方面，教师应明确培养学生的核心素养是教学的关键目标。教师可以根据小学道德与法治课程的特点和学生的年龄特点，确定相应的核心素养目标，如培养学生的道德判断能力、法律意识和公民责任感等。为了明确教学目标，教师可以参考教育部制定的相关课程标准和要求，并结合学生的实际需求进行调整和补充。例如，教师可以设定培养学生正确价值观的目标，通过教学活动和案例分析，引导学生树立正确的道德观念和行为准则。同时，教师还可以设定培养学生法律意识的目标，通过学习法律知识和模拟法庭活动，提高学生对法律的理解和遵守意识。在确定核心素养目标的同时，教师还应考虑学生的年龄特点和发展水平。小学生处于认知发展的关键时期，他们的思维方式和学习能力正在逐渐发展和成熟。因此，教师需要根据学生的认知水平和学习能力，合理设定教学目标，确保目标的可达性和适应性。总之，明确培养学生的核心素养是小学道德与法治课程的关键目标。教师应根据课程特点和学生的年龄特点，确定相应的核心素养目标，并结合教学实践，通过多种教学手段和活动，培养学生的道德判断能力、法律意识和公民责任感等核心素养。

其次，在促进教学内容结构化系统化方面，教师应将教学内容分为不同的主题模块，并设计相应的项目任务和活动。教师可以根据小学道德与法治课程的内容要求，结合学生的实际情况，将教学内容划分为不同的主题，如公民道德、法律知识、社会公正等。针对每个主题，教师可以设计具体的项目任务，使学生能够在实践中深入学习和理解相关知识，并培养相应的核心素养。通过将教学内容结构化系统化，并设计相关的项目任务和活动，教师能够提供有针对性的学习体验，使学生在实践中深入学习和掌握道德与法治知识，同时培养他们的核心素养。

最后，在总结教学主题方面，教师应通过总结和评价，提升学生的学习效果和自我反思能力。教师可以组织学生进行项目成果展示、学习心得分享等活动，让学生将所学的知识和经验进行总结和归纳，促进他们对核心素养的理解和运用。同时，教师还可以通过评价和反馈，帮助学生发现自身的不足和进步，激发他们的学习动力和自我提升的意识。

综上所述，以核心素养为主线开展小学道德与法治项目式学习教学设计，有助于培养学生的综合素养和道德法治意识，提升他们的思维能力、学习能力、创新能力和社会责任感，为他们的全面发展和成长奠定坚实的基础。以核心素养为主线开展小学道德与法治项目式学习教学设计，先根据教学目标，加强不同课时之间的联系，教学内容结构化、系统化，提炼每个课时的核心内容，总结出教学主题，从而开展以中华优秀传统文化为主题的项目式学习，既是能帮助学生形成高阶思维的有效途径，又是实现立德树人目标的重要手段。

二、红色文化主题的项目式教学方式设计

红色文化项目式主题的教学设计理念以红色文化为核心，通过项目化的学习方式，引导学生深入了解和体验红色文化的精神内涵和历史价值。这种教学理念旨在激发学生的学习兴趣和主动性，培养他们的创新思维和实践能力。首先，红色文化项目式主题的教学设计理念注重情感体验。通过选取与红色文化相关的主题，如革命先烈、红色经典、红色故事等，让学生通过参观纪念馆、阅读经典著作、听取先辈故事等方式，深入感受红色文化所蕴含的英雄主义、奉献精神和爱国情怀。这样的情感体验能够激发学生的情感共鸣，增强他们对红色文化的认同和热爱。其次，红色文化项目式主题的教学设计理念强调跨学科综合学习。通过项目式的学习活动，将红色文化与语文、历史、美术、音乐等学科知识相结合，打破传统学科的界限，促进学科之间的融合和交叉。例如，学生可以通过研究红色文化的历史背景，进行文学创作，制作红色文化主题的艺术作品，举办红色文化展览等，从而达到全面、综合地理解和感知红色文化的目的。此外，红色文化项目式主题的教学设计理念注重实践探究。学生通过参与红色文化项目的实践活动，如实地考察、社区服务、实验研究等，亲身体验红色文化的价值与意义。通过实践探究，学生能够深入了解红色文化的实际应用和影响，提高解决问题的能力和创新思维，培养实践能力和团队合作精神。总之，红色文化项目式主题的教学设计理念以红色文化为核心，强调情感体验、跨学科综合学习和实践探究。通过这种教学理念的运用，可以激发学生的学习兴趣和主动性，培养他们的创新思维和实践能力，使他们深入了解和传承红色

文化的精神内涵，从而实现全面发展和终身学习的目标。

红色文化作为中国革命历史和社会主义建设的珍贵遗产，不仅具有重要的历史价值，更承载了人民对美好未来的向往和追求。项目式教学方式通过将学习与实践相结合，培养学生的创新思维、团队合作和解决问题的能力。通过将红色文化主题融入项目式教学中，学生将有机会深入了解和体验红色精神，并将其与现实生活相结合，从而增强他们对红色文化的认同感和价值观的塑造。本节将探讨红色文化主题项目式教学的教学设计，下面以道德与法治五年级下册第三单元“百年追梦　复兴中华”历史主题单元为例，根据项目式教学的特点，在开展道德与法治课学习时，教师需要先对项目教学的流程进行规划和设计，总体包括以下几步。

第一，根据本单元内的教学内容，对单元的结构内容进行整理，设计红色文化教学主题的教学主线，从以下每个部分的教学目标（表2-4），明确教学主线的重点为：通过中国近代革命史培养学生的爱国主义精神，学习中国人民在逆境中不畏强权的抗争精神，还有中国共产党的诞生对中国的历史产生了怎样重大的影响。

表2-4　“百年追梦　复兴中华”教学目标

单元	单元内容	课时	教学目标
百年追梦 复兴中华	不甘屈辱 奋勇抗争	1	1.了解鸦片战争和《南京条约》的历史背景 2.了解鸦片战争给中国带来了怎样的影响
		2	1.了解圆明园的辉煌和被烧毁的经过与原因 2.了解甲午战争与《马关条约》
	推翻帝制 民族觉醒	1	1.了解孙中山生平和当时中国面临的民族危机 2.了解黄花岗起义、武昌起义以及辛亥革命的历史意义
		2	1.了解中华民国成立的历史意义（推翻封建帝制） 2.了解民主共和的理念
	中国有了共产党	1	1.了解马克思主义在中国的传播和中国共产党的诞生的历史意义 2.学习以毛泽东为代表的红船精神
		2	1.了解井冈山是中国革命的摇篮。学习井冈山精神 2.了解南昌起义和“农村包围城市武装夺取政权”的由来

第二，将以上内容进行整合，根据新课标的内容，以培育学生的核心素养为主线，提炼出每个部分的关联核心观点具体见表2-5。

表2-5　“百年追梦　复兴中华”核心观点

单元	单元内容	教学内容	核心观点
百年追梦复兴中华	不甘屈辱　奋勇抗争	鸦片战争与《南京条约》的签订	政治认同、法治观念、责任意识
		火烧圆明园与甲午战争	政治认同、健全人格、责任意识
	推翻帝制　民族觉醒	孙中山生平、黄花岗起义、武昌起义以及辛亥革命	政治认同、道德修养、健全人格　、法治观念
		中华民国的成立和民主共和理念	政治认同、道德修养、健全人格　、法治观念
	中国有了共产党	中国共产党的诞生	政治认同、道德修养、健全人格、法治观念、责任意识
		井冈山的革命意义和南昌起义	政治认同、道德修养、健全人格、法治观念、责任意识

第三，找出单个课程内容与核心素养的联系，从而加强了不同课时之间知识的联系，为整个教学框架的搭建指明了方向，以“百年追梦复兴中华”单元为例，可设计本次教学主题为：弘扬红色传统，赓续红色血脉。并根据此主题对教学步骤设计如表2-6。

表2-6 教学步骤设计

主题	单元内容	课时	课程主题	探究问题	教学活动	课后拓展
弘扬红色传统　赓续红色血脉	不甘屈辱奋勇抗争	1	近代中国为何饱受屈辱	为什么中国衰败，被动挨打	用教学视频和道具让学生理解什么是鸦片，对人有什么危害	鸦片战争时中国人民表现了怎样一种精神
		2		圆明园为什么会被烧毁	用教学视频让学生了解圆明园辉煌的过去	如果现在中国还有像圆明园一样的地方，还会被掠夺吗？为什么

续表

主题	单元内容	课时	课程主题	探究问题	教学活动	课后拓展
弘扬红色传统 赓续红色血脉	推翻帝制 民族觉醒	1	在逆境之下，中国的出路是什么	为什么至今我们仍旧纪念孙中山先生	对比清朝与辛亥革命后中国人的外形上的变化	为什么现在很多城市都有“中山路”
		2		辛亥革命算不算彻底的革命		对以人民为中心发展思想的理解
	中国有了共产党	1	中国共产党的诞生	为何中国在巴黎和会上遭到不平等的待遇	现场画党徽和党旗	“红船精神”的来源与代表的意义
		2		为什么把8月1日定为建军纪念日	讲述井冈山革命小故事	井冈山精神对我们生活学习有什么帮助

第四，红色文化教学主题开展小学道德与法治项目式学习教学设计，旨在通过红色文化的价值观和精神内涵，培养学生的道德意识和法治观念。在确定教学目标方面，教师应明确培养学生的红色文化情感、民族精神、法治意识等核心素养。教师可以设定具体的目标，如通过项目式学习，使学生了解红色文化的历史背景、学习红色英雄的事迹、培养法律意识和公民责任感等。确定教学目标是红色文化教学主题设计的重要一环。教师应明确培养学生对红色文化的认同和热爱，提高他们的道德品质和法治意识。教学目标可以包括培养学生对红色文化的基本了解、理解红色文化的核心价值观和精神内涵，以及培养学生的公民责任感和社会意识。

其次，促进教学内容结构化系统化是红色文化教学主题设计的关键。教师可以选择合适的红色文化主题，如红色经典、革命先烈、红色故事等，确保教学内容具有代表性和启发性。通过设计多样化的学习任务，如阅读经典著作、参观纪念馆、展开实地考察等，教师可以提供丰富的学习体验。同时，教师还应整合跨学科的知识和技能，如语文、历史、美术等，使学生能够全面理解和感知红色文化的内涵。

最后，总结教学主题是红色文化教学主题设计的必要环节。教师可以引导学生通过项目式学习，深入探究红色文化的核心价值观和精神内涵。通过项目成果展示、学习心得分享等活动，学生可以将所学的知识和经验进行总结和归纳，从而提升他们的学习效果和自我反思能力。教师还可以通过评价和反馈，帮助学生发现自身的不足和进步，激发他们的学习动力和自我提升的意识。

综上所述，从红色文化教学主题开展的小学道德与法治项目式学习教学设计需要在确定教学目标、促进教学内容结构化系统化、总结教学主题等方面进行论述。这种教学设计有助于培养学生对红色文化的认同和热爱，提高他们的道德品质和法治意识，同时培养学生的创新思维和实践能力，以及团队合作精神和社会责任感。通过这样的教学设计，学生能够全面了解和感知红色文化的核心价值观和精神内涵。

第四节 教学实施成效

以上教学的实施成效主要体现在以下几个方面：

首先，项目式教学设计有效地培养了学生的核心素养，包括政治认同、道德修养、健全人格、法治观念和责任意识。通过深入学习和体验传统文化和红色文化，学生对这些文化的价值和内涵有了更深刻的理解，从而增强了他们的文化认同感和爱国情怀。

其次，教学设计注重情感体验和跨学科综合学习，通过将红色文化与语文、历史、美术、音乐等学科知识相结合，打破了学科界限，促进了学科间的融合和交叉。这种跨学科的学习方式不仅提高了学生的实践能力和团队合作精神，还激发了他们的创新思维。

再次，教学内容的结构化与系统化使学生能够在实践中深入学习和理解相关知识。教师通过设计具体的主题模块和项目任务，为学生提供了有针对性的学习体验，帮助学生构建起完整的知识体系。

此外，教学目标的明确性和教学方法的创新也是教学实施成效的重要组成部分。教师根据课程特点和学生的年龄特点，明确了培养学生核心素养的教学目标，并通过多样化的教学方法，如故事讲述、角色扮演、情景模拟等，提高了学生的学习兴趣和参与度。

最后，评价与反馈机制的建立和教学主题的深入探究进一步提升了学生的学习效果和自我反思能力。通过项目成果展示、学习心得分享等活动，学生能够对所学知识和经验进行总结和归纳，同时教师的评价和反馈帮助学生发现自身的不足和进步，激发了他们的学习动力和自我提升的意识。

综上所述，教学实施的成效体现在学生核心素养的全面提升，情感体验的加深，跨学科学习能力的增强，实践探究能力的提升，以及教学内容结构化、系统化的实现。通过这些教学设计，学生的全面发展和道德素养得到了有效的促进。

本章小结

本章以培养学生的核心素养为目的将红色文化与中华优秀传统文化融入小学道德与法治教育中，通过项目式教学的方式激发学生的学习兴趣和综合素养，并让学生了解和感受红色文化与中华优秀传统文化的伟大意义，培养其正确的价值观和法治意识。

红色文化与中华优秀传统文化融入小学道德与法治教育的意义：红色文化与中华优秀传统文化不仅包含了中国历史上优秀文化如儒家思想、民族精神、行孝尽忠、天下为公等，也是中国革命历史和社会主义建设的重要组成部分，更是培养学生家国情怀和社会责任感的重要资源。通过红色文化与中华优秀传统文化的教育，可以启发学生对于集体主义、奉献精神和社会公德的理解。通过项目式学习能够更好地帮助学生将红色文化与中华优秀传统文化的价值观运用到实际生活中。

在确定教学目标方面，教师应明确培养学生对红色文化和传统教学主题的理解和认同，提高他们的道德品质和法治意识。也可以设定具体的目标，如项目式学习，使学生了解红色文化和传统教学主题的历史背景、学习相关的核心价值观和精神内涵，培养学生的公民责任感和社会意识。具体可以注重以下几个方面的培养。一是培养学生对红色文化的认同和理解。教学目标可以包括让学生了解红色文化的历史背景、学习红色英雄的事迹、体验红色精神的力量等。通过项目式学习，学生可以深入了解红色文化的价值观和精神内涵，从而培养对红色文化的认同感和理解力。二是培养学生的道德意识和价值观。教学目标可以包括培养学生的公民责任感、团队合作精神、社会公德心等。进行红色文化项目的设计，学生可以通过学习红色英雄的事迹和红色经典的故事，感受到英雄主义、奉献精神和集体主义的价值，从而培养良好的道德意识和价值观。三是培养学生的法治观念和法律意识。教学目标可以包括让学生了解法律的基本原则、学习法律的基本知识、培养遵纪守法的行为习惯等。进行红色文化项目的设计，可以结合红色历史事件和红色英雄的事迹，引导学生了解法律的重要性，明确法律对社会秩序和公平正义的作用，培养学生的法治观念和法律意识。总之，红色文化与传统教学主题开展小学道德与法治项目式学习教学，在确定教学目标方面，应注重培养学生对红色文化的认同和理解，培养道德意识和价值观，以及培养法治观念和法律意识。通过项目式学习的方式，学生能够全面了解红色文化的精神内涵和历史。

在促进教学内容结构化系统化方面，一是教师可以选择合适的红色文化和传统教学主题，如红色经典、中华优秀传统文化、道德故事等，确保教学内容具有代表性和启发性。二是教师可以设计多样化的学习任务和活动，如阅读经典著作、参观文化遗址、开展实地考察等，以提供丰富的学习体验。三是教师还可以整合跨学科的知识和技能，如语文、历史、美术等，使学生能够全面理解和感知红色文化和传统教学主题的内涵。总之通过将红色文化和传统教学主题与小学道德与法治项目式学习相结合，可以激发学生的学习兴趣和参与度，提升他们的综合素养和道德法治意识。这种教学设计能够帮助学生深入了解和体验红色文化和传统教学主题所蕴含的价值观和精神内涵，培养他们的思维能力、学习能力和社会责任感。同时，通过项目式学习的方式，学生能够积极参与团队合作、实践探究等活动，提高他们的创新思维和实践能力。总之，红色文化与传统教学主题开展小学道德与法治项目式学习教学设计，需要在确定教学目标和促进教学内容结构化系统化两个方面进行论述。这种教学设计有助于培养学生对红色文化和传统教学主题的理解和认同，提高他们的道德品质和法治意识，同时促进学生的综合素养和核心能力的全面发展。

在教学主题的选择上，根据教学目标和学生的年龄特点，选择合适的红色文化与中华优秀传统文化主题项目，并根据教学内容提炼出关于核心素养培养的观点，制定相应的项目任务和目标。在教学过程中，学生分成小组，通过合作学习，促进学生间的交流与合作，教学结束后，留置相应的课后拓展问题，引导他们主动探究红色文化与中华优秀传统文化背后的精神和价值观。

综上所述，以红色文化与传统教学主题开展道德与法治教学课程具有重要的意义。首先，红色文化代表了中华民族的优秀传统和革命精神，通过将其与道德与法治教育相结合，可以使学生深入了解和体验红色文化的核心价值观和精神内涵，激发他们对国家、社会和他人的关爱和责任感。其次，传统教学主题强调了中华文化的传承和发展，通过将中华优秀传统文化与道德与法治教育相结合，可以培养学生对中华优秀传统文化的认同和理解，提高他们的文化素养和道德修养。此外，道德与法治教育是培养学生健康人格和全面发展的重要环节，通过项目式学习的方式，学生可以积极参与团队合作、实践探究等活动，提高他们的创新思维和实践能力。总之，以红色文化与传统教学主题开展道德与法治教学课程，不仅能够培养学生的道德品质和法治意识，还能够传承和弘扬中华民族的文化传统，促进学生的全面发展和社会责任感的培养。

以红色文化与传统教学主题开展小学道德与法治项目式学习教学，在促进教学内容结构化系统化方面，教师应选择合适的红色文化主题，设计多样化的学习任务，整合跨学科的知识和技能，并通过总结教学主题，让学生能够全面了解和感知红色文化与道德与法治的内涵，从而提升他们的学习效果和综合素养。教师在选择红色文化主题时，可以根据学生的年级和兴趣进行调查和研究，确定与红色文化相关的主题，如革命斗争、党的历史、英雄人物等。通过选择合适的主题，能够激发学生的学习兴趣，使他们更加主动地参与学习。在设计学习任务时，教师可以结合红色文化主题，设计多样化的任务，包括调研、讨论、实践等。例如，学生可以进行红色文化地方实地考察，了解当地红色文化的发展历程和影响，或者通过小组合作完成红色文化相关的项目展示等。这样的学习任务能够提供实际的学习场景，让学生能够亲身体验和感受红色文化的魅力。在整合跨学科的知识和技能方面，教师可以将语言表达、社会科学、艺术等学科的知识融入到项目式学习中。例如，在学习红色文化的同时，学生可以进行相关历史事件的研究，通过阅读相关文献、观看纪录片等，提升他们的阅读理解和深入探索思维能力。同时，学生还可以通过绘画、剪纸、演讲等形式，展示对红色文化的理解和表达能力。通过总结教学主题，教师可以引导学生对所学内容进行反思和总结。学生可以通过写作、口头表达等方式，表达对红色文化与道德与法治的理解和感悟。这样的总结能够帮助学生巩固所学知识，并形成对于正确价值观的深入思考和内化。通过设计红色文化与中华优秀传统文化主题的小学道德与法治项目式教学方式，旨在促进学生的核心素养发展和正确价值观的形成。这种教学方式能够激发学生的学习兴趣和主动性，培养他们的综合能力和跨学科思维，同时也能够促进学生的爱国主义情感和社会责任感的培养。希望这套教学设计能为小学道德与法治教育提供有益的参考，推动学生的各项素质的全面发展。

第三章　基于社会实践主题的小学道德与法治课项目式学习的教学设计

根据新课标要求："教学要与社会实践活动相结合，加强课内课外联结，实现隐性课程与显性课程相配合。""要积极探索议题式、体验式、项目式等多种教学方法，引导学生参与体验，促进感悟与建构。"说明小学道德与法治课项目式学习的教学方式不仅限于在课堂上的讲授，还应结合社会实践活动，同时新课标中对社会实践活动的活动形式也作出明确的解释，即"通过参观访问、现场观摩、志愿服务、生产劳动、研学旅行等方式走向社会"。

教育的目标不仅仅是传授知识，更重要的是培养学生的综合素养和实践能力。根据新课标的要求，小学道德与法治课的教学方式应该与社会实践活动相结合，加强课内课外的联系，实现隐性课程与显性课程的有机配合。同时，积极探索议题式、体验式、项目式等多种教学方法，引导学生参与体验，促进感悟与建构。这意味着小学道德与法治课项目式学习不仅仅局限于课堂上的讲授，还需要结合社会实践活动。新课标明确了社会实践活动的形式，包括参观访问、现场观摩、志愿服务、生产劳动、研学旅行等方式，以使学生真正走向社会。本章我们将从教学理念和教学流程设计两个方面展开阐述，探讨如何开展基于社会实践主题的小学道德与法治课项目式学习。通过这种教学方式，旨在培养学生的实践能力、感悟力和综合素养，为他们的全面发展和社会责任感的培养奠定坚实基础。本章就如何开展基于社会实践主题的小学道德与法治课项目式学习这个问题，从教学理念和教学流程设计方面展开阐述。

深入研究实践教学内容，利用辅助性实践元素，以实践化项目的方式引入学生的视域。学生通过迁移理论与情境学习道德与法治知识，并将其内化以规范自身行为。实践化项目凸显学生主体地位，有助于提升他们的思想认识。在教学中，教师可以通过选择与学生实践密切相关的案例、故事或实际问题作为学习项目的素材。例如，以学生日常实践中的道德困境或法治问题为切入点，引发学生的思考和讨论。通过这样的项目学习，学生能够更加深入地理解道德与法治的原则和价值，以及在日常实践中的应用。

实践化项目的设计注重学生的参与和主体地位，可以为他们提供更加积极主动的学习体验。教师在项目设计中可以鼓励学生提出问题、分享观点，并引导他们在项目的规划和实施过程中发挥主导作用。这种学习方式激发了学生的主动性和创造性思维，使他们成为知识的探索者和问题的解决者。通过参与实践化项目，学生不仅仅是被动地接受知识，而且积极参与其中，提出自己的疑问和观点。这种参与促使学生思考问题的本质，以及多个角度思考问题，培养了他们的深入探索思维能力。学生在项目中面临挑战和解决问题的过程，激发了他们的创造性思维，培养了他们寻找创新解决方案的能力。实践化项目的设计还鼓励学生主动合作和协作，通过团队合作解决问题。这不仅培养了学生的合作精神和团队意识，还促进了他们的沟通和协调能力。学生在与他人合作的过程中，学会倾听他人的观点，尊重不同的意见，并通过合作达成共识和解决问题。总之，实践化项目的设计注重学生的参与和主体地位，激发了他们的主动性和创造性思维，培养了深入探索思维和解决问题的能力。这种学习方式不仅仅是传授知识，更重要的是培养学生的综合能力，使他们成为具有创新思维和解决实际问题能力的学习者。

通过实践化项目的学习，学生不仅能够加深对道德与法治理论的理解，更重要的是能够将所学知识应用到实际实践中。这种学习方式使得抽象的理论变得具体而有意义，学生能够亲身体验道德与法治的重要性和实际应用。在实践化项目中，学生将面临各种情境和挑战，需要运用道德和法治原则进行判断和决策。通过实践中的思考和行动，学生能够形成良好的道德品质和法治意识，培养正确的价值观和行为准则。这种学习方式不仅仅提升了学生的思想认识，更重要的是培养了他们的自我规范能力和社会责任感。通过实践中的反思和总结，学生能够不断审视自己的行为，建立起自我约束和规范，形成良好的道德习惯和法治观念。实践化项目的学习不仅为学生的综合素养和个人发展提供了实际的基础，还为他们未来的社会模拟情境打下了坚实的基础，让他们能够更好地适应社会环境，积极参与公共事务，并承担起自己的社会责任。这样的学习方式培养了学生的领导能力、团队合作精神和创新思维，为他们的未来发展奠定了坚实的基础。

第一节 基于社会实践主题的小学道德与法治课项目式学习的教学理念

小学道德与法治课是培养学生正确的价值观和社会责任感的重要环节。在传统的教学模式下，学生往往被动接受知识，缺乏实践和体验的机会。然而，通过项目式学习，将社会实践主题融入小学道德与法治课堂，可以激发学生的学习兴趣和参与度，提高他们的道德判断力和法治意识。项目式学习为学生提供了实践和体验的机会，使他们能够将抽象的道德和法治概念与实际情境相结合。通过参与项目活动，学生能够亲身体验道德决策和法治实践的过程，从而更深刻地理解其重要性和影响。他们将面临各种道德困境和法治挑战，需要运用所学知识和原则进行思考和行动，培养道德判断力和法治意识。在项目式学习中，学生成为学习的主体，他们可以积极参与项目的规划、实施和评估过程。通过合作与协作，他们能够与他人分享观点、解决问题，并形成良好的团队合作精神。这种参与度的提高激发了学生的学习兴趣和动力，使他们更加主动地探索和学习道德与法治知识。通过项目式学习，小学生不仅仅是被动地接受知识，而是积极参与和实践。他们能够在实际情境中思考和应用道德与法治原则，培养了正确的价值观和社会责任感。这种学习方式为他们的综合素养和个人发展奠定了坚实的基础，使他们成为有道德判断力和法治意识的社会成员。项目式学习，不仅要让学生掌握道德与法治的基本知识，更要注重培养学生的创新思维、解决问题的能力、团队合作和沟通能力，以培养学生全面发展的综合素养。在教学过程中，将学生置于实践和社会环境中，选择与学生生活经验相关的社会实践主题，如环境保护、助人为乐、公民责任等，让他们成为学习的主体，通过亲身实践、参与社会活动和体验真实情境，学生能够将道德与法治的理论与实际生活相结合，加深对道德与法治的理解和认同，培养学生的道德判断力、价值观念和法治意识。

在教学方式上，针对学生的特点，教师应充分考虑小学生的认知水平和兴趣，将课程目标与社会实践相融合。在小学道德与法治课中，我们可以将课程目标与社会实践主题相结合，设计具有挑战性和有趣度的项目任务，以激发学生的参与热情和学习动力。通过这样的项目设计，学生将能够在实践中应用所学的道德和法治知识，提升他们的道德、法治意识和实践能力。在课后，应采用多元的评价方式，不仅应关注学生的知识掌握程度，还应注重评价学生的思维能力、合作精神、情感态度等方面。通过综合评价，全面了解学生的发展情况，发现他们的潜力和成长点。这种综合评价不仅能够鼓励学生全面发展，还能够激发他们的自信心和学习动力。通过充分考虑学生的特点、融合课程目标和社会实践、激发学生的参与热情和学习动力，以及采用多元的评价方式，能够确保小学道德与法治课项目的有效实施，促进学生道德、法治意识和实践能力的提升。这将为学生的全面发展奠定坚实的基础，并培养他们成为具有良好道德品质和法治意识的社会公民。

在教学主题的选择与设计上，根据教学内容和教学目标选择与社会实践主题相关的项目，并确定项目的具体任务和目标。让学生分组合作，每个小组成员负责不同的任务，通过团队合作，积极参与项目的设计与实施。组织学生在实践活动中主动探究、调研和分析，并运用道德和法治理论指导实践行为，通过实际操作提高道德判断和法治意识。最后，学生通过展示项目成果，分享项目经验和感悟，相互交流和评价，促进彼此的学习和成长。并在课后通过多元化评价，促进学生对项目进行反思和总结，探讨实践中遇到的道德和法治问题，以及如何改进和提升个人行为和团队合作。

基于社会实践主题的小学道德与法治课项目式学习的教学理念是通过将学生置于实践环境中，并将道德和法治理论与实践相结合，设计合理的项目任务，激发学生的兴趣，在教学过程中培养学生的道德判断力和法治意识，并促进他们的全面发展。通过设计合理的项目任务和组织机制，学生能够在实践中亲身体验道德和法治的重要性。项目任务应具有挑战性和有趣度，能够引起学生的兴趣和参与热情。例如，可以组织学生参观法庭、模拟法庭审判、开展社区服务活动等，让学生亲身感受法治的实际运作和道德的应用场景。在教学过程中，教师应充当引导者和促进者的角色，引导学生思考和讨论道德与法治问题，激发他们的道德判断力和法治意识。教师可以通过提问、讨论、案例分析等方式引导学生主动思考和参与，培养他们的深入探索思维和解决问题的能力。此外，项目式学习还能促进学生的全面发展。在项目中，学生需要与他人合作，培养团队合作精神和沟通协作能力。他们还能够培养自主学习和自我管理的能力，通过自主思考和自主学习，提高他们的学习能力和自主发展能力。综上所述，基于社会实践主题的小学道德与法治课项目式学习能够通过将学生置于实践环境中，结合道德和法治理论与实践，设计合理的项目任务，激发学生的兴趣，培养他们的道德判断力和法治意识，促进他们的全面发展。这种教学理念能够为学生提供有意义的学习体验，并培养他们成为有社会责任感的公民。

第二节　基于社会实践主题的小学道德与法治课项目式学习的教学流程

一、学情分析

项目式教学是一种以学生为中心、通过实际项目完成的教学方法，本身的理论具备一定的复杂性，社会实践本身也不同于传统的课堂教学方式，在组织形式上较为烦琐。为了使基于社会实践主题的小学道德与法治课项目式学习能够顺利应用在实践教学中，需要先对教师与学生的各方面进行评估分析，以保证教学计划的顺利实施。为了使评估能够更加准确，评估的结果以分数显示。评分分值为1、2、3、4、5，分值1为最低，分值5为最高，设计三个量表分别为：项目式学习学生评分表、项目式学习教师评分表、项目式学习总评分表。学生的评分表可以由教师、学生、家长共同评分，教师的评分表由道德与法治课项目式学习小组的教师进行评分，项目式学习总评分表由教师或指定的其他人进行汇总后填写，三个评分表如表3-1、表3-2、表3-3。

表3-1　项目式学习学生评分表

项目式学习学生评分表						
学生姓名	分值（分） 项目	1	2	3	4	5
	日常表现					
	团队合作能力					
	解决问题能力					
	沟通与表达能力					

表3-2　项目式学习教师评分表

表3-2　项目式学习教师评分表						
教师姓名	分值（分） 项目	1	2	3	4	5
	项目设计能力					
	引导与支持能力					
	评价与反馈能力					
	多媒体教学设备的使用					
	学科知识和专业素养					

表3-3　项目式学习总评分表

项目式学习总评分表				
	参与评分人数	总评分值	平均分值	总评分
教师				
学生				

对以上项目式学习学生评分表与项目式学习总评分表的评价指标的解释如下：

（一）项目式学习学生评分表

日常表现：学生日常测试的成绩，品行表现，包括自主学习能力和学习动机与责任意识、集体意识等。具体见表3-4：

表3-4　日常表现评分标准

准时与出勤	准时到达学校和课堂，遵守上课时间和规定
	出勤率良好，没有频繁缺勤或迟到现象
主动参与	积极参与课堂讨论和活动，展示出对学习的兴趣和投入
	主动提问、回答问题，展示出积极的学习态度

续表

课堂行为	遵守课堂纪律和规则，保持良好的课堂秩序
	尊重教师和同学，展示出礼貌和合作的态度
课后作业	按时完成课后作业，保持高质量的作业完成度
	仔细阅读并理解作业要求，提供准确和完整的答案
学习态度	对学习抱有积极的态度，展示出对知识的渴望和追求
	具备自主学习的能力，能够主动思考和解决问题
合作与团队精神	能够与同学合作，展示出团队合作的精神和能力
	能够尊重他人意见，积极参与小组活动和合作项目
纪律与责任	遵守学校纪律和规章制度，展示出良好的行为规范
	对自己的学习负责，认真对待学习任务和学习过程

团队合作能力：学生需要具备良好的团队合作能力，能够与他人合作、共同解决问题、分享知识和经验。具体评分标准见表3-5。

表3-5　团队合作能力评分标准

沟通与协调	能够积极参与团队讨论，表达自己的观点并倾听他人的意见
	能够清晰、准确地传达信息，避免误解和混淆
	能够与团队成员协调一致，共同制定计划和目标
分工与贡献	能够主动承担团队分配的任务，并按时完成
	能够充分利用自己的特长和技能，为团队的目标和成果作出贡献
	能够与团队成员合作，共同解决问题和克服困难
合作与支持	能够与团队成员建立良好的合作关系，互相支持和鼓励
	能够尊重他人的意见和决策，遵循团队规则和约定
	能够在团队中分享资源和知识，帮助他人提升能力
解决冲突与妥协	能够有效处理团队内部的冲突和分歧，寻求共识和解决方案
	能够灵活调整自己的观点和立场，为团队整体利益做出妥协
	能够以积极的态度面对困难和挑战，寻找解决问题的方法

解决问题能力：学生需要具备一定的解决问题能力，能够分析问题、提出合理的解决方案，并在实践中进行验证和改进。具体见表3-6。

表3-6　解决问题能力评分标准

分析与理解	能够准确理解问题的要求和背景，并能够提出相关的问题
	能够分析问题的关键要素和因果关系，找出问题的本质
创造性思维与创新	能够提出多种解决问题的思路和方法，并能够评估它们的可行性
	能够提出独特、创新的解决方案，展现出创造性思维

续表

执行力与实施能力	能够制定详细的解决方案，并能够合理安排时间和资源
	能够有效地实施解决方案，克服困难和障碍
评估与反思	能够评估解决方案的有效性和可持续性，并能够提出改进的建议
	能够反思解决问题过程，总结经验教训，为以后的解决问题提供参考
合作与沟通	能够与团队成员合作解决问题，发挥团队的智慧和协作能力
	能够清晰、准确地表达自己的想法和解决方案，与他人进行有效的沟通和协商

沟通与表达能力：学生需要具备良好的沟通能力，能够清晰地表达自己的想法和观点，并与他人进行有效的交流和合作。具体见表3-7。

表3-7　沟通与表达能力评分标准

口头表达	能够清晰、准确地表达自己的观点和意见
	能够使用恰当的语言和词汇，避免含糊不清或模糊的表达
	能够流利地表达自己的想法，避免语法错误和结构混乱
听取他人意见	能够倾听他人的观点和意见，展示出良好的倾听技巧
	能够积极参与讨论，提出有针对性的问题和回应
	能够尊重他人的观点，展示出开放和包容的态度
非语言表达	能够运用适当的身体语言和面部表情，支持和增强自己的表达
	能够运用适当的手势和肢体语言，使自己的表达更加生动有力
书面表达	能够以清晰、连贯的方式书写，避免拼写和语法错误
	能够组织好文本结构，使文章逻辑清晰、条理分明
	能够用恰当的词汇和句式表达自己的观点和意见
团队合作中的沟通	能够积极参与团队讨论，与团队成员进行有效的沟通和协调
	能够清晰地传达自己的想法和意见，与团队成员共同制定计划和目标
	能够在团队中展示良好的合作和沟通技巧，解决沟通障碍和冲突

(二)项目式学习教师评分表

1.项目设计能力的定义及评分标准

在小学道德与法治教学中，教师的项目设计能力至关重要。教师需要具备良好的项目设计能力，能够结合学科内容和学生需求，设计富有挑战性和实践性的项目任务。同时教师需要具备充分的知识储备与理解，深入掌握道德与法治的相关概念、原则和价值观。这样才能确保在项目设计中传递准确、深入的内容。同时，教师还需要明确项目的教学目标，并能够分析学生的需求和现状。通过对学生特点和发展阶段的了解，教师可以设计出符合学生需求的项目。此外，教师还需要选择适合的教学策略和方法，以有效地传授道德与法治知识。用多种教学方法，以激发学生的兴趣和参与度。教师还应该注重项目的实践性，通过组织实地考察、参观等活动，让学生亲身体验和实践道德与法治的原则和价值观。最后，教师还需要进行项目评估与反思，以了解学生的学习成果和反馈，并根据评估结果不断改进项目设计，提升教学效果。综上所述，教师在小学道德与法治教学中的项目设计能力对于培养学生的道德素养和法治意识起着至关重要的作用。

项目设计能力评分标准如下：

不合格：项目设计缺乏明确的目标和结构，与学科内容和学生需求脱节。教学方法单一，未能激发学生的兴趣和参与度。缺乏项目评估与反思，未能根据反馈进行改进。

合格：项目设计有明确的目标，但可能在挑战性和实践性方面不够深入。采用多种教学方法，能够在一定程度上激发学生的兴趣和参与。进行了基本的项目评估，能够根据反馈进行一些改进。

较优：项目设计具有挑战性和实践性，能够引起学生的积极参与和深入思考。运用创新的教学策略和方法，有效提升学生的学习兴趣和参与度。进行系统的项目评估与反思，能够根据详细的反馈进行深入的改进。

优秀：项目设计极具创新性和实践性，能够显著提升学生的综合素养和道德法治意识。采用的教学策略和方法具有高度的互动性和参与性，能够最大化激发学生的学习潜能。进行深入的项目评估与反思，能够基于全面的反馈制定出有效的改进措施，持续提升教学效果。

2.引导与支持能力的定义及评分标准

教师需要具备引导学生进行自主学习和团队合作的能力，能够提供必要的支持和指导，帮助学生解决问题和克服困难。在小学道德与法治教学中，教师的引导与支持能力是至关重要的。教师需要具备良好的引导能力，能够引导学生思考和探索道德与法治的问题。教师应该提出启发性的问题，激发学生的思维，引导他们自主地思考、分析和评估不同的道德与法治情境。通过引导，教师可以帮助学生形成独立思考和判断的能力。此外，教师还需要具备支持学生发展的能力。教师应该关注学生的情感需求，提供积极的情感支持，鼓励学生表达自己的观点和意见。教师应该倾听学生的声音，尊重他们的个性和差异，创造一个包容和尊重的学习环境。教师还应该提供适当的学习资源和材料，以支持学生的学习。这包括课堂教材、案例分析、多媒体资源等。教师可以通过组织小组讨论、合作学习等方式，促进学生之间的互动和合作，共同探索道德与法治的问题。最重要的是，教师应该成为学生的榜样和模范。通过自身的言行和行为示范，教师可以引导学生树立正确的道德观念和法治意识。教师应该展示出正直、公正、负责任的品质，以及对法律和规则的尊重和遵守。总之，教师的引导与支持能力对于小学道德与法治教学至关重要。通过良好的引导和支持，教师可以帮助学生建立正确的价值观和行为准则，培养他们的道德与法治素养。

不合格：教师未能展示出引导学生进行自主学习和团队合作的基本能力。缺乏提出启发性问题以激发学生思维的技巧，未能有效促进学生的独立思考和判断能力。未能提供适当的学习资源和材料，或未能有效组织小组讨论和合作学习活动。

合格：教师具备基本的引导能力，能够提出一些问题以引导学生进行初步的思考和探索。能够提供基本的学习资源和材料，组织简单的小组讨论和合作学习活动。

较优：教师展现出较强的引导能力，能够提出深入且具有启发性的问题，有效促进学生的批判性思维和独立判断。提供丰富的学习资源和材料，有效地组织小组讨论和合作学习，促进学生之间的互动和深入合作。

优秀：教师具有卓越的引导能力，能够持续激发学生的深层次思考和积极探索，引导他们自主地分析和评估复杂的道德与法治情境。展现出高度的敏感性和同理心，为学生提供全面的情感支持。能够创新性地提供多样化的学习资源和材料，设计和实施高效的小组讨论和合作学习策略，极大地促进学生的交流和合作。通过自身的行为示范，清晰地展示正直、公正、负责任的品质。

3.评价与反馈能力的定义及评分标准

教师需要具备准确评价学生项目成果的能力，能够提供及时的反馈和指导，帮助学生不断改进和提高。在小学道德与法治教学中，教师的评价与反馈能力是至关重要的。教师需要能够准确评估学生在道德与法治方面的学习表现，并及时给予反馈。以下是教师在评价与反馈方面需要具备的能力：首先，教师应该制定明确的评价标准和指标。这些标准和指标应该与学生的学习目标和课程内容相对应。通过明确的评价标准，教师可以客观地评估学生的学习成果。其次，教师需要采用多样化的评价方法和工具。除了传统的书面考试和测验，教师还可以利用观察记录、口头表达、小组讨论、项目作品等方式来评价学生的道德与法治表现。这样可以全面了解学生的学习情况，避免单一评价方式的局限性。教师还应该及时给予学生反馈。反馈应该具体、明确，指出学生的优点和不足之处，并提供改进的建议。教师可以通过口头反馈、书面评语、个别辅导等方式来进行反馈。重要的是，教师应该鼓励学生接受反馈，将其视为成长和改进的机会。此外，教师还应该与学生和家长进行有效的沟通。教师可以定期与学生进行个别会谈，了解他们的学习情况和需求，解答他们的疑问。同时，教师也应该与家长保持联系，及时向他们反馈学生的学习情况和进展。总之，教师的评价与反馈能力对于小学道德与法治教学的有效实施至关重要。通过准确评价和及时反馈，教师可以帮助学生发现自身的优势和不足，激发他们的学习动力，促进道德与法治素养的全面发展。

不合格：教师未能制定明确的评价标准和指标，或所制定的标准与学生学习目标和课程内容不对应。缺乏多样化的评价方法和工具，过分依赖单一的评价方式，无法全面了解学生的学习情况。反馈不及时或不具体，未能明确指出学生的优点和不足，也未能提供有效的改进建议。

合格：教师制定了基本明确的评价标准和指标，能够与学生的学习目标和课程内容相对应。采用一定程度的多样化评价方法，但可能在创新性和全面性方面有所欠缺。能够给予学生基本及时和具体的反馈，指出优点和不足，但改进建议可能不够深入。

较优：教师制定了清晰明确的评价标准和指标，并且与学生的学习目标和课程内容高度对应。采用多样化且创新的评价方法和工具，能够全面深入地了解学生的学习情况。反馈及时、具体、具有建设性，不仅指出学生的优点和不足，还提供了明确的改进方向。

优秀：教师制定的评价标准和指标不仅明确，而且具有高度的适应性和灵活性，能够精准地反映学生的学习进展。运用创新和多样化的评价方法和工具，提供的反馈及时、具体、深入，并且富有启发性，极大地促进了学生的自我反思和改进。与学生和家长之间的沟通高效、开放、建设性，形成了强大的教育共同体，共同促进学生的全面发展。

4.学科知识和专业素养的定义及评分标准

在小学道德与法治教学中，教师的学科知识和专业素养是教学质量和效果的重要保证。教师需要具备丰富的学科知识和专业素养，能够将所教学科知识与实践项目结合起来，帮助学生建立知识的联系和应用能力。首先，教师需要具备丰富的道德和法治学科知识。他们需要深入理解道德与法治的基本原则、概念和理论，以便准确、全面地传授给学生。同时，教师还需要了解和掌握最新的法律法规，以便及时更新教学内容，保证教学的时效性和针对性。其次，教师的专业素养也至关重要。这包括教学方法的掌握、教育伦理的遵守、对学生的关爱和尊重等。教师需要掌握多元化的教学方法，能够根据学生的特点和需求，设计和实施有效的教学活动。同时，教师还需要遵守教育伦理，尊重学生的个性差异，关心学生的成长，以身作则，用自身的言行影响和引导学生。总的来说，教师的学科知识和专业素养是小学道德与法治教学的基石，是提升教学质量和培养学生道德与法治素养的关键。

不合格：教师对道德与法治学科的基本原则、概念和理论理解浅薄，无法准确、全面地传授给学生。专业素养不足，教学方法单一，无法根据学生的特点和需求设计有效的教学活动。影响和引导学生的能力有限。

合格：教师具备基本的道德与法治学科知识，能够传授给学生，但可能在深度和广度上有所不足。掌握了一些教学方法，能够根据学生的基本需求实施教学活动。

较优：教师具有较为丰富的道德与法治学科知识，能够深入理解并全面传授给学生。专业素养较高，掌握多元化的教学方法，能够根据学生的特点和需求设计和实施有效的教学活动。尊重学生个性差异，关心学生成长，以身作则，具有较强的影响力和引导能力。

优秀：教师具有深厚的道德与法治学科知识，对基本原则、概念和理论有深入的理解和独到的见解。专业素养卓越，能够灵活运用多种教学方法，创新教学策略，满足不同学生的学习需求。尊重学生个性差异，关心学生成长，以身作则，具有较强的影响力和引导能力。

(三)项目式学习总评分表

在教师、学生、家长填写完各评分表并进行统计后，根据项目式学习总评分表中的总评分项，教师与学生的总评分如下表：

表3-8　日常表现评分表

项目式学习评分标准	
评价	分值
不合格	小于或等于2分
合格	2分到3分
较优	3分到4分
优秀	4分以上

根据以上评分，为了保证基于社会实践主题的小学道德与法治课项目式学习的顺利进行，当评价为“不合格”时，不建议进行此教学，当评价为“合格”时，可以进行教学，当评价为“较优”或以上时，说明学生与教师的表现适合进行项目式教学。

二、确定教学流程

基于社会实践主题的小学道德与法治课项目式学习的教学流程分为以下几步。

（一）统筹规划单元项目进程，整体设计学习目标

基于社会实践主题的小学道德与法治课项目式学习是一种富有创造性和参与性的教学方法。在这种教学模式下，学生将通过参与真实的社会实践活动，探索和应用道德与法治的知识和原则。教师根据教学目标和教学内容，确定以课堂为载体，具体需要培养学生的哪些素质，并设定好教学导入问题和教学实践内容，在课堂上向学生介绍。首先，确定项目主题需要与小学生的实际生活和社会环境紧密相关。可以选择与学生日常生活中涉及的道德和法治问题相关的主题，如环境保护、交通安全、社区服务等。这样能够增加学生的兴趣和参与度，使他们更好地理解和应用道德与法治知识。其次，确定项目主题后，教师可以引导学生进行背景调研和问题分析。学生可以通过观察、采访、调查等方式，了解相关的社会问题和现状。在这个过程中，学生将学会收集和整理信息的能力，培养问题意识和批判思维能力。接下来，学生可以根据调研结果和问题分析，制定具体的项目目标和计划。他们可以提出解决问题的方法和行动计划，并分工合作，共同实施项目。这个过程中，学生将锻炼团队合作、沟通协作和解决问题的能力。在项目实施过程中，教师需要充当指导者的角色，提供必要的指导和支持。同时，教师也要给予学生充分的自主权，鼓励他们发挥创造力和主动性。学生可以通过组织活动、制作宣传资料、参与社区服务等方式，实现项目目标，并体验到道

德与法治知识的实际应用。最后，学生需要进行项目总结和评价。他们可以反思项目的过程和成果，讨论项目中遇到的困难和挑战，以及解决问题的方法和经验。这样可以帮助学生巩固所学的道德与法治知识，并提升他们的自我评价和反思能力。总之，通过基于社会实践主题的小学道德与法治课项目式学习，学生不仅能够深入理解道德与法治的原则和价值观，还能培养实践能力、创新思维和社会责任感。这种学习方式不仅提升了学生的学习兴趣和参与度，也使他们成为更有社会意识和道德素养的公民。

（二）确定学生分组

基于社会实践主题的小学道德与法治课项目式学习可以将学生合理划分为若干项目小组，以促进学生之间的合作与协作，培养团队精神和解决问题的能力。教师根据学生的基本情况对学生进行分组，并公布任务，引导各小组学生就如何进行实践活动，完成任务开始交流探讨。首先，根据项目主题，教师可以将学生划分为若干个小组，每个小组负责一个具体的项目任务。划分小组时可以考虑学生的兴趣、能力和性格特点，力求实现小组成员之间的互补和协调。这样的组队方式可以促进学生之间的合作与交流，培养他们的团队意识和协作能力。其次，每个小组在项目开始前，需要明确项目目标和任务，并进行分工合作。教师可以引导学生讨论和确定每个小组成员的具体职责和任务，确保每个人都有参与和贡献的机会。同时，教师也可以提供一些指导和建议，帮助学生规划项目的步骤和时间安排。然后，学生在小组内展开实践活动，通过合作解决问题、收集数据、分析情况等。在这个过程中，学生将学会与他人合作、倾听他人意见、解决冲突和共同决策。这不仅培养了学生的合作能力，还提高了他们的解决问题和决策能力。最后，每个小组完成项目后，可以进行成果展示和分享。学生可以向全班或学校其他班级展示他们的项目成果、经验和收获。这样的分享活动不仅可以增加学生的自信心，还可以促进学生之间的学习互动和交流。总的来说，基于社会实践主题的小学道德与法治课项目式学习通过合理划分学生为若干项目小组，可以培养学生的合作与协作能力，促进他们的团队精神和解决问题的能力。这种学习方式不仅能够提高学生的学习效果，也能够培养他们的社会责任感和公民意识。

（三）实践活动实施

基于社会实践主题的小学道德与法治课项目式学习的教学实践活动是该教学模式的核心。教师组织实施实践活动，引导学生小组各自分工进行实践活动，并共同完成任务。首先，教师可以组织学生进行实地考察和观察。例如，如果项目主题是环境保护，教师可以带领学生参观当地的环境保护区域，了解环境问题的现状和相关的法律法规。学生可以通过亲身体验和观察，深入了解环境保护的重要性，并思考自己在保护环境方面可以作出的贡献。其次，教师可以组织学生进行社区服务活动。通过参与社区服务，学生可以实际应用道德与法治的知识和原则，培养公民意识和责任感。例如，可以组织学生进行一次垃圾清理活动，让学生了解垃圾分类和处理的相关法律规定，并亲自参与清理工作。另外，教师可以引导学生进行案例分析和讨论。教师可以提供一些道德与法治问题的案例，让学生在小组内进行讨论和分析。学生可以根据自己的理解和观点，提出解决问题的方案，并结合相关的法律法规进行评判和判断。最后，教师可以组织学生进行展示和分享。学生可以将他们在项目中的学习成果进行展示，分享自己的思考和体会。这样的分享活动可以增强学生之间的交流与学习，同时也可以让学生从彼此的经验中获得启发和借鉴。总的来说，基于社会实践主题的小学道德与法治课项目式学习的教学实践活动是一种富有实践性和参与性的教学方式。通过实地考察、社区服务、案例分析和分享等活动，学生能够全面地理解和应用道德与法治的知识和原则，培养他们的实践能力和社会责任感。

（四）项目成果汇报

基于社会实践主题的小学道德与法治课项目式学习，在完成实践项目后，组织学生进行成果汇报是一个重要的环节。首先，教师可以安排学生进行成果展示。学生可以通过口头报告、展示板、海报、PPT 等形式，向全班或其他班级展示他们的实践项目成果。他们可以分享他们的项目目标、所采取的行动以及取得的成果和收获。这样可以增加学生的自信心，培养他们的表达能力和展示技巧。其次，教师可以组织学生进行小组讨论和评价。学生可以分组讨论自己和其他小组的成果，并互相评价和反馈。这样可以促进学生之间的交流和合作，帮助他们从他人的经验和观点中学习和成长。教师可以提供一些指导性问题，引导学生进行深入的思考和讨论。另外，教师可以邀请家长参加成果汇报会。他们可以对学生的成果进行评价和点评，并分享自己的知识和经验。这样可以拓宽学生的视野，让他们了解道德与法治的实际应用和社会影响。总的来说，组织学生进行实践项目成果汇报是基于社会实践主题的小学道德与法治课项目式学习的重要环节。通过汇报和讨论，学生可以巩固和应用所学的知识，培养他们的表达和交流能力，同时也可以从他人的经验中获得启发和提高。

（五）项目成果评价

任务成果汇报结束后，教师组织学生进行交流，互相提出意见，并进行互相评价。基于社会实践主题的小学道德与法治课项目式学习中，教师对学生的项目成果评价是一个重要的环节。首先，教师可以制定明确的评价标准和指标。评价标准可以包括项目目标的完成程度、学生对道德与法治知识的理解和应用能力、团队合作和沟通能力等方面。指标可以具体描述每个评价标准的具体表现和要求，以便教师能够客观地评价学生的项目成果。其次，教师可以采用多种评价方法和工具。除了传统的笔试和口试，教师还可以采用观察记录、学生自评、同伴评价、项目报告、展示等形式来评价学生的项目成果。这样可以综合考察学生的知识、技能和态度，并促进学生的主动参与和反思能力。再次，教师在评价过程中应注重给予具体、准确的反馈和建议。教师可以针对学生的优点和不足，提供具体的肯定和指导。这样可以帮助学生进一步发展和提高，并激发他们的学习动力和兴趣。最后，教师的评价应注重全面发展和个性差异。教师应充分考虑学生的个体差异和特点，鼓励他们发挥自己的优势，并提供个性化的指导和支持。评价应注重学生的全面发展，包括知识、技能、情感和价值观等方面的培养。

综上所述，建立基于社会实践主题的小学道德与法治课项目式学习的操作模型如表3-9。

表3-9　项目式学习的操作模型

完成时间	任务名	任务分配	
		教师	学生
课内	确定项目主题	确定项目主题与实践内容，并布置好任务。向学生介绍	了解项目主题与实践活动要求
课外	确定学生分组	依照学生的特性进行分组	配合教师加入分组
课外	实践活动实施	指导学生小组，进行社会实践活动	与组员分工，共同开展实践活动。完成本次任务成果汇报
课内	任务成果汇报	组织学生进行任务成果的汇报	交流选出汇报人，分组进行成果汇报
课外	任务成果评价	对本次教学开展多元化、多主题评价	与组员合作形成最终成果评价

第三节　基于社会实践主题的小学道德与法治课项目式学习的教学实践案例

基于社会实践主题的小学道德与法治课项目式学习是一种创新的教学方法，旨在通过让学生参与真实的社会实践活动，培养他们的道德观念、法治意识和社会责任感。这种教学模式突破了传统的课堂教学框架，将学习与实践相结合，使学生能够在实际情境中理解和应用道德与法治知识。本节将通过一个教学实践案例，详细探讨基于社会实践主题的小学道德与法治课项目式学习的具体实施过程和效果。通过这个案例的分析，我们可以深入了解这种教学模式的优势和挑战，并为今后的教学实践提供有益的借鉴和启示。项目式设计为小学道德与法治课的实践教学提供了一种创新的方法。通过项目式学习，学生能够在实践中培养解决问题的思维和能力，根据为上一节小学道德与法治课的教学实践提出教学理念和教学流程，进行教学实践案例的实施和操作。

一、学情分析

对F市Y小学四年级二班的教师、学生、家长发放上一节设计的项目式学习学生评分表、项目式学习教师评分表、项目式学习总评分表，并附上各个评价指标的解释与评分表填写事项，最终评分结果为：

表3-10　项目式学习总评分结果

项目式学习总评分表				
	参与评分人数	总评分值	平均分	总评分
教师	7	28	4	3.8
学生	45	162	3.6	

根据总评分，依据评分标准可知结果为：较优。这意味着该班学生与教师的状态良好，具备进行基于社会实践主题的小学道德与法治课项目式学习的教学条件。基于这个评估结果，教师可以进一步探索和实施项目式学习的教学方法。项目式学习是一种以项目为核心的学习方式，通过实践和合作，将学生置于真实的情境中，培养他们解决问题和综合应用的能力，了解并思考道德与法治的重要性和应用。通过项目式学习，学生不仅能够在实践中学习道德与法治知识，还能培养团队合作、解决问题和社会责任感等核心素养。教师可以充分利用学生的积极性和创造力，引导他们自主学习、合作探究，从而提升他们的学习兴趣和参与度。总之，基于社会实践主题的小学道德与法治课项目式学习，可以为学生提供更具实践性和综合性的学习体验，促进他们的综合素养发展。教师可以根据评估结果，充分发挥学生和教师的优势，进一步推进这种教学方式的实施。

二、确定项目主题与实践活动

为响应国家杜绝浪费的号召，本教学实践以道德与法治课四年级上册中“这些事情我来做”作为教学实践案例。在这个案例中，教师可以引导学生思考和讨论如何在日常生活中避免浪费，并以自己的实际行动来践行节约和环保的价值观。通过响应国家杜绝浪费的号召，引导学生思考和实际行动，培养了他们的节约意识和环保价值观，使他们能够在日常生活中避免浪费，为建设资源节约型社会贡献自己的力量。这样的教学实践不仅有助于学生的道德素养和社会责任感的培养，也为其提供了实践应用知识的机会，让他们在课堂之外更好地理解和体验道德与法治的重要性。依据教学目标进行教学主题以及实践活动的设计，如表3-11。

表3-11　项目主题设计

教学内容	这些事情我来做
教学目标	1.了解做家务的意义，提升做家务的主动性和积极性 2.学习做一些简单的家务，增进与父母之间的感情 3.养成主动做家务，培养勤劳的好习惯
项目主题	劳动最光荣
实践活动	家务大竞赛

三、教学实施流程

根据上一节建立的操作模型，本次教学活动的具体步骤如表3-12。

表3-12 教学活动设计

完成时间	阶段	教学过程	设计意图
课内	确定项目主题	教师播放一段做家务相关的视频，向学生提问：刚才看到的家务活，哪些同学会做？会做的请举手。（学生举手）很好，大家平时在家里会做家务吗？ 我们要开展一次“劳动最光荣”学习活动，本次活动以做家务为内容，看看谁做得又快又好。这次活动的四个任务分别是： 1.叠衣服和被子。 2.摘豆角，剥玉米粒。 3.做卫生。 4.洗衣服。 （之后详细向学生介绍每一项任务内容，并允许学生提问）	创设相关的情境，导入本次教学内容，激发学生兴趣后，开始进行项目内容的讲解，能够帮助学生更好地理解项目主题和活动内容。
课外	确定学生分组	教师：大家了解本次的学习内容了，根据任务的设置，共分为4组，下面请大家互相交流根据自己的擅长的家务组建小组，每组的人数8~10人。（学生交流并分组，教师引导学生顺利完成分组）	课外组织分组，让学生有充分时间进行讨论和交流，确保分组主要是学生自己的意愿。
课外	实践活动实施	教师根据之前的活动内容和分组，实现准备好活动所需的材料，控制每组的完成时间不要差太多。在活动过程中，教师予以适当的指导。确保活动顺利进行。 （活动结束） 教师：今天大家完成得都很好，请各小组总结一下，今天活动有哪些收获，哪些心得，做家务有哪些诀窍，等等。我们下节课来进行分享。	根据亲身体验的方式，学会做家务，了解做家务的意义，养成主动做家务的良好生活习惯。活动结束后进行总结，能够进一步巩固活动效果。
课内	任务成果汇报	教师：今天我们邀请一些同学的家长来参加项目成果汇报会。下面请第一小组汇报人上来汇报，大家掌声欢迎！	让学生在家长面前进行汇报，提升学生的自信心和表达能力，同时能够进一步将做家务的理念牢记心里。
课内	任务成果评价	本次活动结束了，请大家谈谈本次活动开展的怎么样？ （家长与学生发表意见后） 大家可以把对活动的意见写下来，然后以小组的方式统一交到老师这里。	通过评价不断地改进活动，提升教学质量。

第四节　项目式教学实施成效

通过本章的教学案例实施可以看出，项目式教学在师生关系、培养学生良好习惯以及提升教学质量方面取得了显著的成效。

首先，在师生关系方面有进一步的提升，通过项目式学习，师生之间进行了密切的互动和合作，与学生一起进行和参与活动，教师对学生不再是知识的传授者，而是更像一个指导者和合作伙伴，因此通过活动建立了师生之间更加和谐的关系，也增强了师生之间的信任和沟通，提升了学生学习的积极性，也为之后的教学打下了良好基础。

其次，在完成教学目标方面，基于实践主题的项目式学习注重学生的体验感，组织学生主动参与社会实践活动。在这个过程中，学生不仅能够提升家务活的技巧，还能够培养他们的团队合作和交流沟通能力。更重要的是，学生通过参与家务活动的实践，能够深刻理解做家务的意义，并意识到养成良好的生活习惯对个人的重要性，同时也懂得了劳动对自己成长的重要作用。通过项目式学习的方式，学生能够亲身参与家务活动，体验到实际生活中的责任和付出。他们将学习到如何独立完成家务任务，如何合理分配时间和资源，以及如何与家人合作共同完成家务。在这个过程中，学生不仅能够提升实际技能，还能够培养自主学习和解决问题的能力。此外，通过与家人一起参与家务活动，学生能够建立起良好的家庭关系，并在交流沟通中培养出良好的沟通技巧和合作精神。他们将学会倾听他人的意见，尊重他人的观点，并学会与他人有效地沟通和协作。总之，基于实践主题的项目式学习不仅能够帮助学生完成教学目标，提升技能和能力，还能够培养学生的责任感、合作精神，以及对劳动的认识和重视。这样的学习方式能够使学生在实践中获得深入的体验和理解，为他们的成长和发展打下坚实的基础。

最后，本次教学基于课程内容为学生提供了更加丰富和综合的学习体验。通过与实际问题的接触和解决，学生的学习变得更加贴近生活和实际，提高了学习的实用性和认知水平。他们不仅能够学习理论知识，还能够将知识应用于实际情境中，培养解决问题的能力和创新思维。同时，通过鼓励学生主动探索和深入学习，培养了学生的自主学习能力和兴趣。学生在项目式学习中扮演主动学习者的角色，通过自主选择和规划学习内容，增强了他们的学习动力和主动性。教师则从传统的知识传授者转变为学生的指导者和资源提供者，更加关注学生的学习过程和个性化需求，从而提升了教学质量。通过这样的教学方式，学生不仅能够获得知识，还能够培养深入探索思维、合作能力和解决问题能力。他们在实践中学会思考、分析和解决问题，提升了综合能力和创新能力。这种综合性的学习体验将为学生的终身学习奠定坚实的基础，使他们能够在不断变化的社会环境中适应和发展。

总而言之，项目式教学在提升师生关系、完成教学目标、提高教学质量方面取得了显著的成效。一是通过项目式学习，师生之间的互动和合作得到了增强，建立了更紧密的联系和信任，促进了师生之间的关系发展。学生在实践中展示了他们的才能和能力，教师则成为他们的指导者和支持者，共同努力实现教学目标。二是项目式教学注重学生的主动参与和实践体验，使他们能够更深入地理解和应用所学知识。通过与实际问题的接触和解决，学生培养了解决问题、合作与沟通的能力，同时也提升了他们的创新思维和深入探索思维。这种学习方式使学生能够将课堂中的理论知识与实际生活相结合，增加了学习的实用性和认知水平。最重要的是，项目式教学提高了教学质量。教师关注学生的学习过程和个性化需求，根据学生的兴趣和能力提供有针对性的指导和资源支持。这种个性化的教学方式能够更好地满足学生的学习需求，激发他们的学习动力，提高教学效果。因此，项目式教学在小学道德与法治课程中的应用为师生关系的发展、教学目标的完成和教学质量的提高带来了显著的成效。它不仅为课程改革和创新提供了借鉴，也为学生的全面发展和社会责任感的培养作出了积极贡献。

在小学阶段，学生的思维能力开始逐渐发展和成熟。他们具备一定的逻辑思维能力，能够形成清晰的概念和类别，并运用已学知识和技能来找出解决问题的途径并付诸实践。此外，他们也开始独立思考并表达自己的观点。为了进一步提升学生的思维能力和实践能力，教师需要提供启发性的学习环境和资源，包括设计适合年龄的动手实践活动，让学生亲自动手进行实践和探索。通过这样的实践，学生能够将抽象的概念转化为具体的经验，加深对知识的理解和应用。同时，鼓励学生参与团队合作和集体讨论也是重要的。通过与同伴合作解决复杂问题，学生能够发展合作精神和团队意识，学会倾听他人观点、表达自己观点，并通过集体智慧找到最佳解决方案。这样的合作与讨论过程不仅培养了学生的解决问题能力，还促进了他们的思维发展和交流能力。总之，通过提供启发性的学习环境、设计适合年龄的实践活动以及鼓励学生团队合作和集体讨论，能够进一步提升学生的思维能力与实践能力。这将为他们的综合发展打下坚实的基础，培养他们成为具有深入探索思维、解决问题能力和合作精神的学习者。

项目式学习在培养学生道德与法治素养方面具有显著的优势。本章基于社会实践主题的小学道德与法治课项目式学习的项目式设计，旨在通过实践活动的方式提高学生的动手能力，并将道德与法治的知识应用于实际情境中。通过项目式学习，学生能够亲身参与实践活动，通过实际操作和体验，提高他们的动手能力。在道德与法治的项目设计中，学生将面临各种实际情境和挑战，需要运用所学的道德与法治知识进行决策和行动。例如，可以组织学生参与社区环境保护活动，让他们亲自参与清理垃圾、宣传环保知识等，从而培养他们的环保意识和责任感。通过将道德与法治知识应用于实际情境中，学生能够更好地理解和掌握这些知识的实际意义和应用方法。他们将学会如何在实际生活中应对道德困境和法治挑战，培养出正确的价值观和行为准则。同时，通过实践活动，学生将培养出深入探索思维和解决问题的能力，提高他们的道德判断力和法治意识。项目式学习的项目式设计能够激发学生的学习兴趣和参与度，使他们更加主动地参与学习过程。通过实践活动，学生将体验到学习的乐趣和成就感，进而提高他们的学习动力和自主学习能力。这种学习方式不仅提升了学生的道德与法治素养，还培养了他们的实践能力和综合素养，为他们的全面发展打下坚实的基础。

在教学理念上，项目式学习要求学生积极参与和合作探索，通过解决实际问题来增强学习的实用性和可持续性。为了确保教学流程的有效性，我们进行了学情分析，并设置了相应的教学流程。在教学过程中，我们引入了合作学习和团队合作的元素，以培养学生的合作精神和团队协作能力。通过项目式学习，学生不仅能够获得知识，还能够深入了解社会问题和价值观。在项目中，学生将面临具体的挑战和任务，需要与同学们共同合作，共同解决问题。通过合作学习和团队合作，他们能够相互协助、共同探索，培养出良好的合作意识和团队精神。项目式学习也鼓励学生从实践中探索和建构知识。学生将通过实际操作和实践活动，运用所学的道德与法治知识来解决实际问题。他们将在实践中不断思考、反思和调整，从中获得新的见解和经验。这种实践探索的过程，不仅加深了学生对道德与法治的理解，还培养了他们的深入探索思维和创新能力。通过项目式学习，学生将成为主动学习者，通过合作与实践，深入了解社会问题，锻炼解决问题的能力，并构建起自己的知识体系。这种学习方式不仅能够提升学生的学习动力和兴趣，还能够培养他们的综合素养和实践能力，为他们的终身发展奠定坚实的基础。

项目式学习的设计使学生能够更加全面地了解道德与法治的概念和原则。通过实践活动，学生能够亲身体验和面对现实生活中的道德和法治问题，从而培养他们的判断力和决策能力。同时，项目式学习也激发了学生的学习兴趣和主动性，使他们更加积极地参与学习过程。通过项目式学习，学生不仅能够掌握道德与法治的知识，还能够培养实践能力和解决问题的能力。他们将学到的知识应用于实际情境中，通过实践活动中的观察、分析和讨论，不断探索和建构知识，提高思维能力和创新能力。

综上所述，项目式学习在培养学生道德与法治素养方面具有独特的优势。通过实践活动和团队合作，学生能够更加深入地理解和应用道德与法治的知识，培养实践能力和解决问题的能力，并从中构建自己的正确价值观。通过实践活动，学生能够身临其境地面对各种道德与法治问题，从而更加深入地理解这些概念的实际意义和应用方法。他们通过实际操作和体验，探索解决问题的方法和策略，培养实践能力和解决问题的能力。团队合作是项目式学习的重要组成部分，通过与同学们共同合作，学生能够学会倾听、协商、合作、分享和承担责任，培养良好的合作精神和团队意识。在团队合作中，学生能够相互激励、相互支持，共同解决问题和完成任务。这种合作与互动的过程不仅促进学生之间的交流和合作，还培养出他们的领导能力、沟通能力和团队协作能力。通过项目式学习，学生不仅能够获得知识，还能够在实践中构建自己的正确价值观。他们将通过面对实际问题和道德困境，思考和探索正确的道德和法治原则，并将其应用于实际情境中。这种实践中的思考和反思将有助于学生建立起自己的价值观，树立正确的道德观念和行为准则。因此，项目式学习在培养学生道德与法治素养方面具有独特的优势，通过实践活动和团队合作，学生能够更加深入地理解和应用道德与法治的知识，培养实践能力和解决问题的能力，并从中构建自己的正确价值观。

第四章　基于信息技术的小学道德与法治课项目式学习

2010年7月发布的《国家中长期教育改革和发展规划纲要（2010—2020年）》明确指出："强化信息技术运用，提高教师应用信息技术水平，提高教学效果，就要加快教育信息化进程。"2018年4月，教育部印发《教育信息化2.0行动计划》，指出"积极推进'互联网+'教育，坚持信息技术与教育教学深度融合的核心理念"。以上文件说明了随着信息技术的快速发展，信息技术在教学上的应用也逐渐受到重视。

随着教育改革的深入，项目式学习越来越受到教育界的关注。项目式学习是一种以学生为主体的教学方式，强调学生在实际项目中主动探索、实践、解决问题，从而培养其创新思维和实践能力。与此同时，信息技术的快速发展为项目式学习的实现提供了有力支持。信息技术在项目式学习中发挥着重要的作用。教师可以利用信息技术工具，如电子白板、互联网资源、在线协作平台等，为学生提供丰富的学习资源和工具。通过在线资源，学生可以获取更多的知识和信息，拓宽他们的视野。同时，教师可以利用互联网资源进行项目的搜索和筛选，为学生提供更具挑战性和实践性的项目任务。信息技术还可以提供更为便捷的交流和合作方式。学生可以通过在线协作平台与同学们进行实时的交流和合作，共同解决问题、分享成果。这种跨时空的协作方式，不仅提高了学生的合作能力和团队精神，还培养了他们的信息素养和沟通能力。此外，信息技术还可以为教师提供更全面的评估手段。通过在线学习平台或教育软件，教师可以对学生的学习过程进行实时监控和评估，了解他们的学习进展和困难，及时给予指导和反馈。这种个性化的评估方式，能够更好地了解学生的学习情况，帮助他们更好地成长和发展。因此，信息技术的快速发展为项目式学习提供了丰富的教学手段和资源，使得学生能够更加便捷地进行项目式学习，提升教学效果，培养学生的创新思维和实践能力。

本章从信息技术运用于小学道德与法治课项目式学习的必要性角度，详细论述实施该模式的具体流程。结果表明，在小学道德与法治课项目式学习中借助合适的信息技术工具，可以有效提升学生的学习兴趣、提高学习效率，从而有助于培养学生的核心素养和创新能力。在实施过程中，需重视师生的培训和支持资源的提供，并结合项目主题和学生特点进行教学设计。信息技术在小学道德与法治课项目式学习中的应用是必要的。通过信息技术的运用，可以丰富学生的学习资源，提供多样化的学习方式和工具，激发学生的学习兴趣。例如，教师可以利用多媒体教学资源，呈现生动有趣的案例和故事，引发学生的思考和讨论。同时，信息技术还可以提供交互性强的学习环境，让学生参与到活动中，提升他们的实践能力。在实施项目式学习的具体流程中，信息技术的应用可以贯穿始终。首先，教师可以利用信息技术工具进行学情分析，了解学生的学习需求和兴趣爱好，为项目的设计和选择提供依据。其次，教师可以通过在线平台或应用程序，向学生提供项目任务和相关资源，指导他们进行研究、探索和解决问题。学生可以利用信息技术工具进行信息搜索、数据分析等，从中获取所需的知识和信息。同时，教师可以通过在线平台与学生进行交流和反馈，及时指导和评价他们的学习进展。在实施过程中，重视师生的培训和支持资源的提供是关键。教师需要具备信息技术运用的知识和技能，能够熟练操作相关工具和平台。同时，学校需要提供相应的技术设施和资源支持，确保教师和学生能够顺利进行项目式学习。此外，教师还需要结合项目主题和学生特点进行教学设计，确保项目的目标与内容和学生的实际需求相匹配，提高学习的有效性和可持续性。因此，信息技术的运用对于小学道德与法治课项目式学习具有重要意义。通过合适的信息技术工具，可以提升学生的学习兴趣和学习效果，培养他们的核心素养和创新能力。在实施过程中，需要关注师生的培训和资源支持，并结合项目主题和学生特点进行教学设计，以实现项目式学习的目标和效果。

第一节　基于信息技术的小学道德与法治课项目式学习的必要性

一、增强学生学习兴趣

信息技术以其丰富多样、互动性强的特点，吸引学生的注意力，在课堂教学中通过信息技术呈现生动、有趣的情境，可以激发学生对道德与法治课的学习兴趣。利用信息技术，教师可以获取多样化的教学资源，拓展学生的知识视野，加深对道德与法治课的理解。通过信息技术，教师可以让学生通过互动的方式参与课堂活动。例如，利用互动投影仪或电子白板，教师可以与学生一起探讨道德与法治问题，进行实时投票、讨论和答题，激发学生的思考和参与度。同时，教师还可以利用教育软件、在线学习平台等资源，为学生提供丰富多样的学习材料和互动学习任务，让学生在自主探索和合作交流中深入学习道德与法治知识。信息技术还可以为学生提供更广阔的学习资源。通过互联网，学生可以获取到各种形式的学习资料，如电子书籍、学术论文、教育视频等。这些资源不仅丰富了学生的知识储备，还能够帮助他们深入理解道德与法治的概念和原则。同时，学生还可以通过在线讨论论坛、博客等平台与其他人进行交流和分享，拓宽视野，增强学习的互动性和社交性。

信息技术的应用不仅提供了丰富的学习资源，还能够提高学习的趣味性和参与度。通过使用信息技术工具，教师可以打破传统教学的束缚，创造多媒体和互动性教学环境。例如，教师可以利用多媒体展示道德与法治案例，通过图像、视频等形式生动地呈现，引发学生的思考和讨论。同时，教师还可以利用互动式教学工具，如在线问答平台或教学游戏，让学生更主动地参与到道德与法治课的学习中。

通过信息技术的应用，学生可以通过互联网搜索相关资料，进行自主学习和研究。他们可以利用电子书籍、在线课程等资源，深入了解道德与法治的知识，并与教师和同学进行交流和分享。这种互动和合作的学习方式，不仅提高了学生的学习效果，还培养了他们的信息素养和合作精神。

总之，信息技术的应用为道德与法治课的教学带来了新的可能性。它不仅丰富了教学资源，提升了学习的趣味性和参与度，还培养了学生的信息素养和合作精神。通过信息技术的支持，道德与法治课的教学将更加生动、多样化，并能够更好地满足学生的学习需求。首先，信息技术的应用使得教学资源得以扩展和更新。教师可以通过互联网获取到丰富多样的教学资源，包括案例分析、模拟实验、互动课件等，为学生提供更具体、实用的学习材料。同时，学生也可以通过互联网搜索和研究相关的道德与法治问题，拓宽视野，加深对知识的理解。其次，信息技术的应用还能够提升学习的趣味性和参与度。通过使用教育软件、互动投影等工具，教师可以创造出生动有趣的学习情境，激发学生的学习兴趣。学生可以通过游戏化学习、在线讨论等形式，积极参与课堂活动，与同学们进行合作交流，共同解决问题。再次，信息技术的应用还培养了学生的信息素养和合作精神。学生需要学会有效地搜索、筛选和评估信息的能力，培养深入探索思维和信息处理能力。最后，在合作学习和团队项目中，学生需要协作解决问题，培养团队合作和沟通能力。总之，信息技术的应用在道德与法治课的教学中发挥了重要作用。它丰富了教学资源，提升了学习的趣味性和参与度，培养了学生的信息素养和合作精神。通过信息技术的支持，道德与法治课的教学将更加生动、多样化，并能够更好地满足学生的学习需求。

二、提高学习效果

信息技术与项目式学习的结合可以优化教学过程，提高教学质量和效果。在“互联网+”环境下，有效应用信息技术于课堂教学中，能够拓展课堂的广度和深度，丰富德育实践活动，并大大提高课堂效率，促进学生的德育发展。首先，通过信息技术的应用，教师可以为项目式学习提供更广阔的资源和平台。通过互联网，教师可以搜索和获取到丰富的案例、文献、视频等教学资源，为项目的设计和实施提供支持。同时，利用在线协作平台和虚拟学习环境，学生可以在团队合作中共享资源、交流想法，提高项目的质量和效率。其次，信息技术的应用还可以丰富德育实践活动。通过利用多媒体技术、虚拟现实等工具，教师可以创造出生动有趣的德育实践场景，让学生在虚拟环境中模拟真实情境，进行道德决策和法治实践。信息技术的应用还能够大大提高课堂效率。通过使用电子教案、在线测评等工具，教师可以更加高效地组织和管理课堂教学。学生可以通过在线学习平台进行自主学习和作业提交，教师可以及时查看学生的学习情况，给予针对性的指导和反馈。这样不仅提高了学生的学习效果，也节省了教师的时间和精力。因此，信息技术与项目式学习的结合为德育教育带来了新的可能性。通过合理应用信息技术，可以拓展课堂的广度和深度，丰富德育实践活动，并提高课堂效率，促进学生的德育发展。这将为培养具有高素质、创新能力和社会责任感的新时代人才提供有力支持。

在项目式学习中，信息技术也发挥着重要的作用。学生可以利用信息技术搜索和收集相关资料，展开研究和探索，培养信息获取和处理的能力。同时，信息技术还提供了各种工具和平台，支持学生进行团队合作和交流，促进合作精神和沟通能力的培养。通过信息技术，学生可以利用互联网搜索引擎等资源，获取到丰富的学习资料和参考文献。他们可以通过阅读、筛选和整理信息，培养信息获取和评估的能力。同时，学生还可以利用信息技术工具进行数据分析和可视化呈现，提高对信息的理解和应用能力。在团队合作方面，信息技术提供了各种协作工具和平台，例如在线文档编辑、共享文件夹、协作项目管理工具等。学生可以通过这些工具共同编辑文件、交流想法、分工合作，培养合作精神和团队协作能力。因此，信息技术在项目式学习中的应用，不仅提供了丰富的学习资源，还促进了学生的信息获取和处理能力的培养，同时支持学生的团队合作和交流，全面提升学生的综合素养和能力。

综上所述，信息技术为小学道德与法治课提供了更丰富的教学资源，包括文字、图片、音频、视频等多种形式的教学资料。首先，通过信息技术，教师可以呈现生动的案例、真实的情境，激发学生的学习兴趣和参与度。学生可以通过信息技术的辅助进行自主学习和探究式学习，提高知识的吸收和理解能力。其次，通过信息技术，教师可以利用多媒体教学资源，将抽象的道德与法治概念转化为具体的图像、视频，使学生更加直观地理解和感受。再次，教师还可以利用互动课件和教育软件，设计丰富多样的学习活动，让学生在互动的过程中积极参与，提高学习效果。信息技术的应用还可以促进学生的自主学习和探究式学习。教师可以为学生提供在线学习平台、教育应用程序等工具，让学生在课后进行自主学习。学生可以通过在线资源获取更多的资料，进行深入的研究和探究。最后，教师可以利用在线讨论平台，鼓励学生进行互动交流，分享彼此的学习心得和观点，促进合作学习和思维碰撞。总的来说，信息技术的应用为小学道德与法治课的教学提供了更丰富、多样化的教学资源，激发学生的学习兴趣和参与度，同时也促进了学生的自主学习能力和批判性思维的发展。通过信息技术的整合，教师能够实现个性化教学，根据每个学生的特点和需求，提供定制化的学习路径和材料。此外，信息技术还能帮助教师进行实时反馈和评估，及时了解学生的学习进度和理解程度，从而进行针对性的教学调整和辅导。因此，信息技术的应用为小学道德与法治课的教学提供了更丰富、多样化的教学资源，激发学生的学习兴趣和参与度，同时也促进了学生的自主学习能力和批判性思维的发展，加强了个性化教学和实时反馈，拓展了学生的全球视野和跨文化交流能力，有效提高了教学效率。

三、培养学生的核心素养

小学道德与法治作为一个综合性德育学科，有着“活动化、生活化”的课标要求，在项目式学习中，重学生情感体验、德育实践、亲身参与、合作与交流的学习方式，在信息技术支持下能够更好地创设开放式的教学情境，方便教师与学生更好地进行动态双向互动，也可以促进学生之间的互动与合作，培养他们的团队合作精神，更能提升学生对学习的兴趣、生活经验和认知，将信息技术应用于小学道德与法治课项目式学习，不仅可以拓展学生的知识视野，还能培养他们的信息搜索、筛选、评估和应用能力。学生可以通过使用互联网搜索相关资料，学习如何有效地获取和利用信息资源。同时，他们也需要学会对信息进行筛选和评估，辨别信息的可靠性和适用性，从而培养深入探索思维和信息素养。

信息技术的应用还能促进学生的创新思维和解决问题的能力。在项目式学习中，学生需要面对各种情境和挑战，利用信息技术工具进行研究和分析，提出创新的解决方案。他们需要思考问题的多个角度，运用创造性的思维来解决问题，培养创新意识和创造力。首先，通过信息技术，学生可以利用软件进行实践性的学习和探索，并模拟真实情境，进行实验和观察，培养观察力和实验设计能力。同时，学生还可以利用软件设计和制作自己的创意作品，培养创造力和创新思维。其次，信息技术的应用还可以通过开放性的学习环境和资源，激发学生的探索精神和自主学习能力。学生可以利用网络资源、在线课程等进行自主学习，根据自己的兴趣和需求选择学习内容和学习方式。

综上所述，信息技术的应用在项目式学习中发挥着重要的作用，促进了学生的创新思维和解决问题能力的提高。通过利用信息技术工具和资源，学生可以积极参与学习，探索问题的多个角度，提出创新的解决方案，培养创新意识和创造力。通过将信息技术与项目式学习相结合，小学道德与法治课能够有效地培育学生的核心素养。学生不仅能够掌握相关知识和技能，还能发展信息素养、创新思维和解决问题的能力，为他们的全面发展和未来的学习与生活奠定坚实基础。

第二节 基于信息技术的小学道德与法治课项目式学习的应用

上节探讨了如何将信息技术与项目式学习模式相结合，以提高小学道德与法治课的教学效果，信息技术的特点为开展小学道德与法治课教学也提供了诸多可能性，并为小学道德与法治课的教学提供了丰富的资源和工具，创造了互动性和虚拟实践的学习环境。教师可以充分利用信息技术，开展多样化、创新性的教学活动，提高学生的学习效果和素养水平。信息技术在小学道德与法治课项目式学习中的运用主要体现在以下几方面。

一、对教师开展信息技术培训

信息技术更新很快，随着硬件与软件的更新，教学方式和教学方法也会随之改变，根据项目的主题和学生的学习特点，选择合适的信息技术工具。例如，可以使用多媒体演示软件、互动学习平台、在线学习资源等工具，创造丰富多样的学习环境。为了使教师能够有效运用信息技术进行项目式教学，需要提供相应的培训和支持。

首先，在利用信息技术开展项目式学习之前，教师需要掌握基本的信息技术技能，包括如何使用计算机、如何操作各种教学软件和在线平台、如何制作和使用多媒体教学资料等，也包括信息技术基本技能的课程，计算机基础知识、办公软件的操作、网络资源的利用等。

其次，在掌握基本技能之后，教师需要学习如何运用信息技术进行课程设计。基于教学目标和要求，包括课程设计原则与方法、教学软件和在线平台的使用、多媒体教学资源的设计与制作等。为了更好地将信息技术应用在项目式学习上，培训内容也包括如何利用各种教学软件和在线平台设计课程活动、如何制作和使用多媒体教学资料、如何利用网络资源更新和调整课程内容等。

总之，教师需熟悉信息技术的基本操作和相关教学工具的使用，选择合适的工具更好地促进学生的学习参与和创造能力的发展，并结合项目式学习理念进行教学设计和组织实践活动。学校可组织相关的教师培训，并提供技术支持人员，确保教师在实施过程中有充分的支持。为了提高教师的信息技术能力，学校可以组织定期的教师培训，包括培训信息技术的基础知识和教学工具的使用方法。培训可以通过专业的培训师或外部机构进行，帮助教师熟悉信息技术的最新发展和应用趋势。此外，学校还可以提供技术支持人员，为教师提供实时的技术支持和解决问题的帮助。技术支持人员可以协助教师解决教学工具的使用问题，提供技术指导和建议，确保教师在教学过程中能够顺利地应用信息技术。教师在教学设计中应结合项目式学习理念，将信息技术融入项目的设计和实施中。他们可以利用信息技术工具创建在线学习平台，组织学生进行合作探究和项目实践，鼓励学生运用信息技术进行创新和解决问题。总之，教师的信息技术能力和技术支持的提供，以及项目式学习的结合，将为学生提供更丰富、有趣和参与度高的学习体验，促进他们的学习发展和创造能力的培养。

二、利用信息技术开发多样化教学资源

利用信息技术开发教学资源是提高小学道德与法治课教学效果的重要手段。每个学生都有其独特的个性特点和学习需求。利用信息技术，教师可以根据学生的个体差异，开发个性化的教学资源，满足不同学生的学习需求。例如，对于喜欢动画的学生，教师可以制作相关的动画短片作为教学素材；对于喜欢游戏的学生，教师可以设计富有互动性的教学游戏。教师应当充分利用信息技术，开发多样化的、实时性的、可共享的、个性化的教学资源，以更好地实现小学道德与法治课的教学目标。

首先，信息技术的发展为教学资源的开发提供了更广阔的渠道。教师可以通过网络、多媒体等渠道获取丰富的教学素材，包括图片、视频、音频、动画等，使教学内容更加生动、形象。例如，在道德与法治课中，教师可以收集相关的历史事件、人物故事等视频资料，或制作富有互动性的PPT课件，让学生在观看、互动中加深对知识点的理解。

其次，信息技术的另一大特点是实时性，教师可以随时获取最新的教学资讯，将其融入课堂，让学生接触到最新的知识。例如，在讲解社会发展趋势时，教师可以引入当前热门的时事新闻，让学生了解社会变迁的历程，激发他们的思考和探索欲望。

最后，互联网可以更好地进行资源共享。教师可以方便地将教学资源分享给学生，学生也可以将自己的学习成果上传至网络，教学的视频也可以上传至相关平台，促进各方面的交流与共享。通过共享可以实现教学资源的最大化利用，同时推动信息技术更好地在小学道德与法治课项目式学习中的应用。

三、利用信息技术进行项目式教学设计

在实施项目式学习时，教师需要合理设计项目的内容和学习任务。项目的设计应当与道德与法治课程的目标相结合，突出学生实践和探索的特点。教师可以利用信息技术工具，引导学生进行学习计划的制订、

团队合作、实践活动等，同时注重学生的情感体验和道德教育的培养。

首先，在教学内容方面，教师可以利用信息技术找到关于课程内容的多样化的教学素材，如图片、视频、音乐等，并根据这些素材设计出生动、形象的教学内容，提高学生的学习兴趣。其次，现在互联网的消息更新很快，教师可以随时获取最新的教学资讯，将其融入课堂，让学生接触到最新的知识，并及时调整和更新课程设计，保持课程的时效性和新鲜感。再次，项目式学习非常注重教学实践活动的设计，现在基于信息技术的许多教学工具都具有强大的互动功能，教师可以利用这一特点设计出生动、有趣的教学活动，提高学生的参与度和学习效果。例如，在道德与法治课中，教师可以利用多媒体技术设计互动游戏，让学生在游戏中学习和体验道德与法治的知识。最后，每个学生都有其独特的个性特点和学习需求，利用信息技术，教师可以根据学生的个体差异，定制个性化的教学课程设计，满足不同学生的学习需求。例如，教师可以根据学生的学习风格和兴趣爱好，设计出个性化的教学课程，提高学生的学习兴趣和参与度。

四、利用信息技术进行项目式教学情境导入

导入环节是项目式教学中一个最重要的环节。教师可以利用信息技术进行生动、有趣的教学课堂导入，提高学生的学习兴趣和参与度，为项目式学习打下良好的基础。教师可以基于信息技术教学工具的特点，根据实际教学情况进行灵活选择和组合，使导入方式更加符合学生的学习需求和课程要求。

首先可以利用多媒体素材进行课堂的导入，在线资源可以为学生提供更加丰富和多样化的学习资源，满足不同学生的学习需求，与课堂有关的图片、视频、音乐等可以生动形象地展示课程内容，吸引学生的注意力，提高学生的学习兴趣。

其次，运用信息技术进行情景模拟可以让学生在模拟的情境中体验课程内容，增强学生的情感共鸣和情境认知。视频素材可以为学生提供

动态、形象的学习资源，让学生通过视觉、听觉等多种感官通道感受课程内容。音乐素材可以为学生提供情感共鸣的学习资源，让学生在音乐的氛围中感受课程主题。图片素材可以为学生提供直观、形象的学习资源，让学生通过视觉感受课程主题。利用多媒体素材进行多样化情境创设，可以让学生通过多种感官通道深入感受课程主题，增强学生的情感共鸣和情境认知，使情境创设更加符合项目式学习的学习需求和课程要求。

五、利用信息技术进行项目式教学项目设计

教师可以利用信息技术进行项目式学习的项目方案设计，为学生提供更加灵活和多样化的学习方式，提高学生的学习兴趣和参与度，同时也可以方便地进行项目管理、资源提供、任务设计、成果评估等操作，提高教学效率和质量。

首先，教师需要根据教学内容明确项目主题和目标。根据道德与法治课的课程要求和学生的实际情况，选择一个适合的项目主题，并明确项目目标，如培养学生的合作精神、提高学生对道德问题的认知等。在确定项目主题后，教师需要制订详细的项目计划，包括项目时间表、任务分配、阶段性成果等。利用信息技术可以方便地进行项目计划的管理和跟踪，如使用项目管理软件或电子表格进行计划制订和跟踪。

其次，在项目活动设计时，由于学生要完成教师设置的固定项目任务，因此需要收集相关资料，教师此时需要提供一定的资料来源，运用信息技术可以提供丰富的资料资源，如相关网站、电子书籍、研究资料、在线数据库、电子图书馆等。这些资源技能培养学生对知识的主动探究精神，也能更好地帮助其完成项目。此外，教师可以为学生提供更加灵活和多样化的学习方式，设计具体的项目任务和活动，如网上调查、在线问卷、小组讨论、模拟情境、互动式学习平台等。

最后，在项目式学习中，教师利用信息技术可以方便地进行评估管理和跟踪，上一章设计的多方评价问卷可以用电子问卷的形式发放，方

便教师、学生、家长能够随时随地进行填写，也更方便统计结果，同时也可以使用电子评估系统或数据分析工具进行成果评估和反馈，反馈之后也可以更方便地进行评估管理和跟踪。

第三节　运用信息技术进行项目式学习的详细流程

在探讨小学道德与法治教育中，利用中华优秀传统文化主题项目式学习的教学设计包括项目方案设计、组建项目小组、设计任务、收集任务相关资料、整理资料完善汇报、项目介绍、项目汇报和综合评价是项目的关键步骤。通过这些步骤的实施，可以有效促进学生的道德与法治素养的提升。本节将项目式学习的详细流程分为课外与课内两个部分，并采取教师、学生、家长多方共同参与的方式，科学地对项目式学习的详细流程进行规划，并构建小学道德与法治课项目式学习的详细流程。

一、项目方案设计

项目方案设计是项目学习的起点。在设计方案时，针对小学道德与法治教育教学内容，教师需要确定项目的目标、内容和形式，做好电子版项目方案介绍，并发放给各学生。运用信息技术进行小学道德与法治课项目式学习可以为学生提供更丰富、互动和创新的学习体验。以下是从项目方案设计步骤。

一是选择适合的信息技术工具。教师可以根据项目的主题和学生的年龄特点选择适合的信息技术工具，如电子白板、计算机、平板电脑、学习管理系统等。这些工具可以提供多媒体教学资源、在线学习平台和互动交流工具，丰富学生的学习内容和方式。

二是设计项目任务和活动。在项目方案中，教师可以设计一系列的任务和活动，鼓励学生运用信息技术进行学习和探究。例如，学生可以利用互联网搜索相关的法律法规、道德案例和社会新闻，进行资料收集和整理。他们也可以利用电子白板或计算机软件制作演示文稿、视频或网页，展示他们的研究成果。

三是提供合适的学习资源。教师可以为学生提供丰富的在线学习资源，如电子书籍、教学视频、在线课程等。这些资源可以帮助学生深入了解道德与法治知识，并通过信息技术工具进行学习和讨论。

四是促进协作与交流。信息技术可以为学生提供协作与交流的平台。教师可以设计合适的协作任务，要求学生在小组中共同完成项目，并利用在线平台进行讨论和交流。学生可以通过电子邮件、在线论坛、即时通信工具等与同伴分享想法、交流观点和解决问题。

五是鼓励创新和实践。信息技术为学生提供了创新和实践的机会。教师可以鼓励学生利用信息技术工具创造性地表达自己的想法和观点，例如通过制作博客、短视频或动画等形式展示他们对道德与法治的理解和思考。

二、组建项目小组

在项目小组的组建过程中，教师可以充分利用信息技术工具，如WORD或EXCEL的在线表格功能，来简化和优化组队流程。通过发送在线分组名单，学生可以方便地填写自己的信息，包括个人资料、兴趣爱好和特长等。教师可以根据填写的结果进行最后审核，并根据学生的兴趣和特长给出合理的建议，以组建一个多样化的小组。

通过合理组建多样化的小组，可以促进学生之间的合作与交流。不同兴趣和特长的学生在小组中互相激发，可以共同探索问题、分享知识和经验，从而提高整个小组的综合能力。例如，一个小组中有擅长调研的学生、擅长组织的学生和擅长表达的学生，他们可以相互补充，共同完成项目任务，并充分发挥每个学生的潜能。

此外，信息技术工具还可以为小组成员提供便捷的沟通和协作平台。学生可以利用在线协作工具共同编辑文档、进行实时讨论和交流意见。这样，学生不仅可以在课堂上进行合作，还可以在课后继续交流和协作，提高项目的质量和效率。

总之，利用信息技术工具来组建多样化的小组，可以促进学生之间的合作与交流，充分发挥每个学生的潜能，并提高项目的质量和效果。

三、设计任务

学生可以利用信息技术工具完成电子版的任务清单和小组任务单，并将其发送给老师进行指导和反馈。教师可以根据学生的学习需求和教学目标，制定一系列旨在培养学生道德与法治意识的任务。

这些任务可以采用多种形式，如调查研究、小品创作、模拟情境等，以激发学生的主动学习兴趣和能动性。例如，教师可以要求学生选择一个道德或法治问题进行调查研究，收集相关信息并分析问题的背景和影响。学生可以利用互联网资源、图书馆和采访等方式获取信息，并将研究结果整理成报告或展示形式，与同学分享和讨论。

另外，教师还可以引导学生通过小品创作或模拟情境的方式，深入理解道德与法治的原则和价值观。学生可以通过实践活动将道德与法治的概念具体化，并通过汇报和讨论展示给教师和同学。这样的任务能够培养学生的创造力、批判思维和表达能力，同时也增强了学生对道德与法治问题的理解和关注。

通过信息技术的应用，学生可以更加便捷地完成任务，并与老师进行及时的交流和指导。这种互动和合作的学习方式能够激发学生的学习兴趣和主动性，培养他们的道德与法治意识，并提升其综合素养。

四、收集任务相关资料

学生在完成任务时，收集相关资料作为支持和参考是非常重要的。

教师可以在指导学生的过程中引导他们使用各种资源，如图书、互联网和其他学习工具，以收集与项目主题相关的文献、案例、图片和视频等资料。教师可以向学生提供一些相关的网址或资源链接，以便他们更方便地收集资料。

学生在收集资料后，可以将其整理成电子版的资料集，并发送给教师进行评估和反馈。这样的做法不仅方便学生与教师之间的交流，还能够帮助教师更好地了解学生的学习进展和研究成果。

通过收集资料，学生可以深入了解项目主题，加深对道德与法治问题的理解。同时，学生还可以通过整理和归纳资料的过程，提高信息搜索、筛选和评估的能力。这种实践性的学习方式不仅培养了学生的信息素养，还促进了他们的自主学习和研究能力的发展。

五、整理资料完善汇报

学生完成任务后，需要将收集到的资料进行整理和展示。教师可以引导学生使用适合的形式，如PPT演示、海报设计或视频制作等，以将所得资料形成清晰的汇报。

对于PPT演示，学生可以利用幻灯片软件，将资料按照逻辑顺序进行组织和展示。他们可以使用文字、图片、图表和动画等元素，以突出重点和吸引观众的注意力。通过PPT演示，学生可以清晰地呈现他们的研究成果和思考过程。

另一种方式是使用海报设计。学生可以选择合适的模板或自行设计海报，将资料以图文并茂的形式展示出来。他们可以用精美的图片、简洁的文字和醒目的标题来呈现关键信息。海报设计不仅可以概括整个项目的内容，还能够通过视觉效果吸引观众的注意力。

此外，学生还可以选择视频制作来展示他们的研究成果。他们可以使用视频编辑软件将资料、访谈、实地调研等内容进行剪辑和组合，形成一个生动有趣的视频。通过视频制作，学生可以更直观地展示他们的观点和发现，增加观众的参与感和理解度。

无论是PPT演示、海报设计还是视频制作，教师应该指导学生合理选择形式，并提供相关技巧和建议，以确保学生的汇报能够清晰、有条理地传达所得资料。同时，教师也可以通过评估学生的汇报，对他们的表达能力和专题研究进行评价和指导。

六、项目介绍

组织学生进行项目介绍的步骤和方法，可以促进学生的表达能力、展示能力和团队合作能力的提升，并使他们更好地分享和交流自己的项目成果。具体内容包括以下五点。

一是设计介绍形式。根据项目的性质和要求，可以选择适合的介绍形式，例如口头报告、演示展示、视频展示等。确保学生能够清楚地表达项目的目标、过程和成果。

二是通知学生提前准备。提前通知学生关于介绍的时间、地点和形式，并给予他们足够的准备时间。学生需要整理项目资料、准备演示材料、制作展示板等。

三是制定介绍顺序。根据项目的内容和学生的意愿，制定学生介绍的顺序。可以根据项目的不同阶段或不同主题进行分组，确保每个学生都有机会展示自己的成果。

四是保证技术支持。确保学生能够顺利使用所需的信息技术工具和设备进行介绍。提前到教室的检查设备能否正常运行，并提供必要的技术支持，避免因出现技术问题影响介绍的进行。

五是提供反馈和评价。在学生完成介绍后，给予他们及时的反馈和评价。可以提出问题、给予肯定和建议，帮助学生进一步改进和提高。

七、项目汇报

项目汇报是对整个项目学习过程的总结和展示，它起着重要的教学和评估作用。在项目汇报之前，教师可以提前收集多媒体素材，并设计精彩的课堂导入，以吸引学生的兴趣并帮助他们尽快进入课堂设置的情境之中。同时，教师可以提出驱动性问题，引导学生思考和探索，激发他们的学习动力。

通过项目汇报，学生不仅可以展示他们在道德与法治方面的理解和学习成果，还能够提升他们的沟通与表达能力。学生需要将整个项目的过程、研究结果和心得体会以清晰、连贯的方式呈现给观众。他们可以运用多媒体技术，如演讲、展示幻灯片、视频剪辑等，来展示他们的思考和成果。这样的汇报过程不仅能够加深学生对道德与法治的理解，还能够培养他们的沟通能力、表达能力和团队合作能力。

通过项目介绍和汇报，学生不仅能够展示他们的学习成果，还能够从中获得反馈和评价，进一步提高自己的学习水平和能力。同时，观众也可以通过学生的汇报，了解到道德与法治的重要性，从而促进整个学校和社区的道德与法治意识的提升。

八、综合评价

在项目学习结束时，教师利用在线问卷软件发送评价表并汇总结果后利用电子评估系统、数据分析工具进行分析。教师也可以通过在线教学平台进行综合评价，评估学生在道德与法治方面的表现和进步，包括学生的成绩、项目报告、口头表达和团队合作等方面，评价可以设置成仅学生可见，也可以设置成其他人都可见。

通过小学道德与法治教学中华优秀传统文化主题项目式学习教学设计，可以促进学生的道德与法治素养的全面提升。项目方案设计、组建项目小组、设计任务、收集任务相关资料、整理资料完善汇报、项目介绍、项目汇报和综合评价是项目的关键步骤，它们相互衔接、相互支撑，共同构建了一个积极、有意义的学习环境，激发学生的学习潜能，培养他们的道德与法治意识。根据以上流程，构建小学道德与法治课项目式学习的应用模型如表4-1。

表4-1 基于信息技术的小学道德与法治课项目式学习操作模型

完成时间	任务名	任务分配		信息技术教学工具	具体步骤
		教师	学生		
课外	项目方案设计	设计项目任务与主题	了解项目主题	WORD等文字编辑软件； 在线教学平台或互联网电子邮箱	做好电子版项目方案介绍，并发放给各学生
课外	组建项目小组	依照学生的特性进行分组	配合教师加入分组	WORD或EXCEL等在线文字编辑软件； 在线教学平台或互联网电子邮箱	利用WORD或EXCEL的在线表格功能，发送在线分组名单，让学生填写，教师对填写结果进行最后审核
课外	设计任务	指导学生，提出驱动性问题	与组员探讨，填写任务单，提出驱动性问题	WORD等文字编辑软件； 在线教学平台或互联网电子邮箱	学生完成电子版任务清单、小组任务单并发送给老师进行指导
课外	收集任务相关资料	引导、督促学生完成	与组员分工，共同完成资料收集	WORD等文字编辑软件； 互联网浏览器、在线问卷软件、电子图书馆等	教师提醒学生可以利用在线问卷软件等方式收集资料，也可以提供相关网址供学生收集资料。学生收集资料后生成电子版的资料集，并发送给教师。
课外	整理资料，完善最终汇报	教学生如何筛选信息，完善最终汇报	与组员分工筛选信息，完善最终汇报	WORD等文字编辑软件； PPT等汇报专用软件	教师指导学生筛选信息并利用PPT完成专门的汇报
课内	项目介绍	设计课堂导入，提出驱动性问题	配合教师完成教学	幻灯机等放映设备； 多媒体素材； PPT等汇报专用软件	教师课前收集多媒体素材，设计课堂导入，提出驱动性问题
课内	组织项目汇报	点评项目	交流选出汇报人，分组进行成果汇报	PPT等汇报专用软件	学生利用PPT进行项目成果汇报
课内	综合评价	对项目开展多元化、多主题评价	完成自己与他人的评价	在线问卷软件、电子评估系统、数据分析工具、在线教学平台	教师利用在线问卷软件发送评价表并汇总结果后利用电子评估系统、数据分析工具进行分析

第四节 运用信息技术进行项目式学习的教学案例

下面以小学道德与法治“辽阔的国土”为案例，依据道德与法治项目式学习操作模型进行教学课程的设计。

一、项目方案设计

教师：教师在设计项目任务和主题时，可以确定本节课任务的主题为“探究辽阔的祖国”。教师可以充分考虑学生的兴趣和学习需求，设计一个引人入胜且有趣的项目任务，以激发学生的学习热情。为了让学生更好地理解项目任务和方案，教师可以制作电子版的项目方案介绍，并将其发放给各个学生。这份介绍可以包括项目的背景和目标、所需材料和资源、任务要求和时间安排等内容。通过电子版的介绍，学生可以清晰地了解整个项目的要求和流程，有助于他们更好地准备和展开学习活动。教师还可以在项目方案介绍中提供一些参考资料或链接，以帮助学生更好地展开探究活动。这些资料可以是相关的书籍、网站、视频或图片资源，学生可以根据需要自行查阅和利用。这样的设计有助于拓宽学生的视野，丰富他们的学习内容，并促进他们在探究过程中的自主学习和创新思维。

学生：学生根据教师提供的项目介绍，初步了解任务的主题。通过阅读项目介绍，学生可以获得关于探究辽阔的祖国的一些基本信息和目标。他们可以了解到该项目的重点是什么，以及需要进行哪些具体的学习和探究活动。学生初步了解任务主题后，可能会产生一些问题或想法，他们可以思考如何探索祖国的辽阔之美，以及如何展示他们的学习成果。这个初步的了解也可以帮助学生制订学习计划和准备所需的材料和资源。此外，学生还可以根据任务主题展开一些背景知识的学习，通过阅读相关的书籍、文章或观看相关的视频，进一步加深对祖国辽阔之美的理解。这样，学生在实际进行项目活动时，会有更多的背景知识和思考基础，能够更好地参与到学习过程中。

二、组建项目小组

教师：首先，利用WORD或EXCEL的在线表格功能，可以方便地发送在线分组名单。在制定分组名单时，可以根据学生的日常表现和兴趣作为依据，并综合考虑学生和家长的意见，以确保每个小组在教学过程中能够发挥最大的功能。教师可以创建一个在线表格，将学生的姓名、日常表现和兴趣等信息列在不同的列中。这样，教师可以更方便地查看和比较学生的情况。其次，教师可以根据学生的日常表现和兴趣，结合自己的专业知识和经验，对学生的分组给出建议。例如，将具有较高表现和相似兴趣的学生放在同一组，以促进彼此之间的合作和互动，或者，也可以将表现较好的学生与表现较差的学生放在同一组，以促进学习上的互助和提高。在确定分组建议后，教师可以与学生和家长进行沟通，听取他们的意见和建议。这样可以确保分组的公平性和合理性，并充分考虑到学生和家长的需求和期望。最后，教师可以根据学生和家长的意见进行调整，并将最终的分组名单发送给学生和家长。这样，学生可以提前了解自己所在的小组，并在教学过程中更好地与小组成员合作，共同发挥最大的功能。

学生：在教师的辅助下，学生可以根据教师提供的在线表格进行分组，并填写相应的信息。学生可以根据教师的建议和自己的意愿，选择适合自己的小组，并将自己的姓名和其他必要信息填写在表格中。一旦加入了特定的小组，学生可以开始熟悉每个组员。他们可以通过线上交流、共同讨论项目任务和目标、分享个人兴趣和才能等方式来加深彼此的了解。这种相互熟悉的过程有助于建立良好的合作氛围和团队精神。在熟悉每个组员的过程中，学生可以分享彼此的想法和观点，了解彼此的优势和特长。这有助于在教学过程中更好地发挥每个组员的潜力，并促进小组成员之间的合作和协作。学生可以互相支持和帮助，共同解决问题，共同取得项目的成功。通过填写在线表格和相互熟悉的过程，学生将建立起一个紧密的小组，共同迎接教学挑战，并共同成长和进步。

三、设计任务

教师：教师在根据教学目标设计任务链时，可以提出一系列的驱动性问题来引导学生的学习。这些问题构成了一个有机的问题串，从主驱动问题出发，通过一系列子驱动问题的引导，保证教学过程按照既定的轨道进行。首先，教师可以确保主驱动问题与教学目标紧密相关，并能够激发学生的思考和探索。主驱动问题应该具有启发性和引导性，能够引起学生的兴趣和好奇心。其次，教师可以设计一系列的子驱动问题，这些问题在主驱动问题的基础上逐步展开，帮助学生深入思考和研究。子驱动问题应该有递进性，能够引导学生逐步解决问题，并获得新的知识和理解。再次，在设计任务清单时，教师可以将主驱动问题和子驱动问题以及相应的学习任务列出来，确保教学过程有条不紊地进行。任务清单可以包括学习资源的准备、实验或调查的进行、讨论和展示的安排等。最后，教师还可以引导学生提出驱动性问题，鼓励他们思考和探索。通过学生自主提出问题，可以激发他们的学习兴趣和主动性，并培养他们的解决问题能力。教师可以提供指导和反馈，帮助学生进一步完善和深化他们的驱动性问题。这样，学生在学习过程中能够更加主动地探索和发现知识。

教学目标：1.认识我国的各项地理位置信息。2.认识到台湾是中国不可分割的一部分。3.用自己的方式表达对祖国辽阔的感受。

教师制作驱动型问题清单，如表4–2。

表4–2　驱动型问题清单

组别	主驱动性问题
第1组	我国所处的地理位置
第2组	我国幅员辽阔，国土面积有多大
第3组	我国地理位置上的邻国有哪些
第4组	哪些国家跟我国隔海相望
第5组	请简述我国的行政区划

依据主驱动问题，制作每个小组的任务单，如表4-3、表4-4。

表4-3 第___小组主任务单

序号	任务	完成情况
1	阅读课文，简述我国所处的地理位置	
2	选择一种方式（唱歌、绘画、朗诵等），表达对祖国疆域广阔的热爱	

教师：利用WORD或EXCEL等在线文字编辑软件制作教学目标制作以上驱动型问题清单和主任务单，并利用在线教学平台或互联网电子邮箱发送给学生的同时，引导学生提出子驱动任务。例如询问开放性问题："要完成本次任务，在研究方法上我该怎么做""列出具体的完成任务步骤""我该用何种方式呈现任务完成的结果""在完成任务中碰到困难该如何解决"等，教师可以为学生解答问题指明方向，并引导督促学生完成这一步骤。

表4-4 小组子驱动任务任务单

第___小组子驱动任务单	
主任务	选择一种方式（唱歌、绘画、朗诵等），表达对祖国疆域广阔的热爱
子驱动问题的提出	
子驱动问题1	要完成本任务，在研究方法上我该怎么做
子驱动问题2	列出具体的完成任务步骤
子驱动问题3	我该用何种方式呈现任务完成的结果

学生：在了解教师设定的驱动性问题后，会按照教师的提示完成上述表格，并将其发送给教师以寻求指导。这样做有助于学生在下一步教学中做好准备。学生会仔细阅读教师给出的驱动性问题，并思考如何回答这些问题。他们会运用自己的知识和理解，以及之前的学习成果，填写表格中相应的内容。这个过程中，学生可能会遇到一些挑战和困惑，但他们会尽力思考和解决问题，以完成表格的填写。完成表格后，学生会将其发送给老师，希望能够得到指导和反馈。老师会仔细审阅学生填写的内容，并提供相关的指导和建议。这样，学生可以更好地理解驱动性问题的要求，进一步完善自己的思考和回答。通过与老师的沟通和指导，学生可以为下一步的教学做好准备。他们可以根据老师的指导，进

一步深入研究和学习，以便在接下来的教学步骤中更好地应用和展示他们的知识和理解。

四、收集任务相关资料

教师：督促学生完成相关资料的收集，可以适当提供信息来源，比如可以向学生介绍一些可靠的信息来源，如学术期刊、专业网站、图书馆数据库等。这些来源可以为学生提供可信的、有价值的资料。教师可以在课堂上分享这些来源，并鼓励学生积极利用它们。或者也可以为学生一些相关网站，这些网址可能包含有关特定主题的资料和资源。通过这些网站，学生可以更方便地访问并收集相关资料。教师可以将这些网址分享给学生，或者将其整理在课程网页或学习平台上供学生参考。也可以用线问卷软件创建一个问卷，用于学生收集资料，教师可以设计问题并将问卷链接分享给学生，学生可以通过填写问卷来提供相关资料。这种方式不仅方便学生，还可以帮助教师系统地收集和整理学生的回答。

学生：根据上一步骤的小组分工，学生会共同合作完成资料的收集，并将其整理成电子版的资料集。这个过程中，每个小组成员会根据自己的分工任务，积极收集相关资料，并确保其准确性和可靠性。学生会密切合作，共享彼此收集到的资料，并进行必要的整理和编辑。他们可以利用电子文档处理软件，来创建和编辑资料集。这些软件提供了丰富的格式设置和编辑工具，使学生能够以专业的方式呈现资料。完成电子版的资料集后，学生会将其发送给教师。他们可以使用电子邮件、在线文件共享平台或学校指定的在线学习平台，将资料集发送给教师。这样，教师可以及时收到学生的成果，并进行评估和反馈。通过共同合作完成资料的收集和生成电子版的资料集，学生不仅能够提升自己的研究和整理能力，还能够培养团队合作和沟通技巧。这种协作的方式有助于学生共同取得优秀的成果，并为教师提供有价值的资料，以支持下一步的教学工作。

五、整理资料，完善最终汇报

教师：教学生应该如何筛选收集到的资料，并整理这些信息，完成最终的PPT（或其他电子汇报软件的）汇报。教师可以向学生提供一些指导，具体包括以下几点：一是筛选资料。学生可以先对收集到的资料进行初步筛选。他们可以评估每个资料的可靠性、相关性和适用性，选择最有价值的资料。学生可以考虑以下问题：这个资料是否有可信的来源？它是否与研究主题直接相关？它是否提供了有用的信息和观点？通过这样的筛选，学生可以缩小资料范围，集中精力处理最重要的资料。二是整理信息。学生可以将筛选后的资料进行分类和组织。他们可以根据主题、子主题或相关性将资料进行归类，以便在汇报中有条理地呈现。学生可以使用标题、子标题、标签或颜色编码等方式来标记和组织资料，使其易于查找和理解。三是完成汇报。学生可以利用电子汇报软件，根据整理好的资料，创建最终的汇报。他们可以根据汇报的结构和目标，选择合适的布局、字体、图表和多媒体元素，以增强汇报的可视化效果和吸引力。学生应该确保汇报内容的准确性、逻辑性和流畅性，并注意使用简洁明了的语言来传达信息。

学生：根据上一步骤的小组分工，整理信息，逐步完善最终成果的汇报。首先，学生会根据之前筛选出的资料，逐个主题进行深入研究和分析。他们会仔细阅读、理解和提炼每个主题的关键信息，并将其整理成条理清晰的内容。其次，学生会逐步完善汇报的结构和布局。他们会根据汇报的目的和要求，确定适当的章节和段落划分，并确保内容的逻辑性和连贯性。学生可以使用标题、子标题、图表、图片等元素来增强汇报的可读性和吸引力。再次，学生还会进行汇报内容的编辑和校对。他们会仔细检查语法、拼写和格式等方面的错误，并进行必要的修正和调整。这样可以确保汇报的准确性和专业性。最后，学生会进行最终的汇报稿的整合和审查。他们会汇总各个部分的内容，进行整体的审查和修改，以确保汇报的一致性和完整性。通过这个过程，学生能够全面理解和掌握所研究的主题，并将其清晰地呈现给观众。他们的合作和努力将为最终的汇报成果增添专业性和质量。

六、项目介绍

教师：教师在课前会收集多媒体素材，准备一个视频来介绍我国地大物博的情况。通过播放这段视频，教师可以创设一个情境，引起学生的兴趣和好奇心，并提出主驱动性问题。视频的内容可能包括我国广袤的土地面积、丰富的自然资源、多样的地理地貌、众多的动植物物种以及丰富的文化遗产等。教师可以选择生动有趣的画面和音乐来展示这些信息，以吸引学生的注意力。在播放视频后，教师会提出一个主驱动性问题，例如："作为一个拥有丰富自然资源和多样文化的国家，我们应该如何更好地保护和利用这些资源?"这个问题会激发学生思考和讨论，引导他们深入探究与地大物博相关的议题和挑战。通过这样的情境创设和主驱动性问题的引导，教师可以激发学生的学习兴趣，鼓励他们积极参与探究，从而推动课堂的深入学习和互动。

学生：学生会根据教师创设的情境，逐步进入课堂的沉浸式体验中。他们会投入到课堂氛围中，感受到与所学知识相关的情感和体验。首先，学生会通过观看教师提供的多媒体素材，如视频、图片或音频，来获得直观的感受和视觉体验。这些素材展示了我国地大物博的壮丽景观、丰富文化遗产的魅力等。其次，学生会通过观察和聆听，进一步了解和感受我国的地理、文化和自然资源。同时，教师可能通过故事情节、模拟情境或实地考察等方式，将学生带入具体的情境中。学生会被要求在特定的角色或身份下，思考和解决与地大物博相关的问题。他们可以通过小组讨论、个人思考或实践活动来深入探索和体验。最后，在这个沉浸式体验中，学生将更加主动参与学习过程，培养深入探索思维、合作能力和创造力。他们会从互动和实践中获得更深入的理解和体验，使学习变得更加有趣和有意义。

七、组织项目汇报

教师：教师会利用多媒体教学工具，组织各个小组按照规定的形式进行项目汇报。这样的形式可以帮助学生更好地组织自己的思路，清晰地表达他们小组的任务完成情况。每个小组会派选一名汇报人，他们会在汇报开始时自我介绍。例如：“我是第一小组的汇报人，我叫×××，我们小组的任务是研究我国的地大物博。我们在这个过程中采取了以下步骤和方法。”接着，汇报人会简要概述小组完成任务的过程。他们会描述小组的研究方法、收集资料的途径、遇到的挑战以及解决问题的策略。这样的描述可以帮助其他同学了解小组在项目中的具体工作和思考过程。最后，汇报人会展示小组的研究成果。他们可以利用多媒体教学工具展示小组整理的资料、制作的PPT或其他电子汇报软件的内容。他们可以使用图表、图片、视频等元素来丰富汇报内容，并向其他同学传达小组的研究成果和发现。通过这样的形式，每个小组都有机会展示自己的工作成果，同时也可以促进学生之间的交流和互动。教师可以在汇报结束后给予反馈和评价，鼓励学生的努力和创造力。

学生：选出各个小组的汇报人，并在老师和家长面前进行成果汇报，让他们参与项目的展示和讨论。在这个环节中，每个小组的汇报人会有机会向老师和家长展示他们小组的成果和学习成果。他们可以通过口头陈述、展示PPT或其他多媒体形式来呈现他们的项目。汇报人会详细介绍小组的研究主题、目标和方法，并分享他们在项目中的发现和成果。他们可以展示他们所收集到的资料、制作的PPT、实验结果等，以便让观众更好地理解他们的工作。在成果汇报过程中，老师和家长可以提出问题、提供反馈和建议，与学生进行互动和讨论。这样的互动可以促进学生的思维发展和深入理解，并激发他们对学习的兴趣和热情。通过这样的成果汇报，学生不仅可以展示他们的学习成果，还可以锻炼他们的表达能力和团队合作能力。同时，老师和家长也能更好地了解学生的学习进展，并给予必要的指导和支持。

八、综合评价

教师：制作项目评价表（如表4-5），用于评估学生的项目表现。这个评价表根据整个教学流程进行设计。教师可以设计一个综合性的评价指标，以便全面评估学生的项目表现，项目评价表由教师与学生共同填写。为了方便评价的进行，教师可以利用在线问卷软件将评价表发送给学生。学生可以通过电子设备填写评价表，并将其提交给教师。这种方式不仅方便学生进行评价，还可以减少纸质问卷的使用，更环保。教师会收集学生提交的评价表，并利用电子评估系统和数据分析工具对结果进行汇总和分析。这样的系统和工具可以帮助教师更加高效地处理评价数据，并提供可视化的结果。通过教师与学生共同参评的多元化的评价方式，教师可以获得更全面、客观的项目评价结果。这些评价结果可以帮助教师了解学生在不同方面的表现，发现他们的优势和改进的空间，并为今后的教学提供有价值的参考。

学生：填写教师下发的项目评价表，并提交给教师。在收到评价表后，学生会仔细阅读每个评价指标，并根据自己在项目中的表现进行自我评价。他们会认真思考自己在项目目标实现、团队合作、创新性思维、沟通表达等方面的表现，并在评价表中进行相应的打分或填写评语。学生也可能会回顾自己在项目中的努力和付出，思考自己的成长和改进之处。他们会用实际的经验和观察来支持他们的评价，以便提供准确的反馈。完成评价后，学生会将填写好的评价表提交给教师。这可以通过电子方式，如通过在线平台或电子邮件发送给教师。学生会确保评价表的准确性和完整性，以便教师能够充分了解他们的项目表现和个人发展。通过学生的评价，教师可以了解每个学生在项目中的表现和成长，从而提供有针对性的反馈和指导。这种双向的评价过程有助于促进学生的自我认知和学习发展。

表4-5　项目式学习评价表

任务流程	自我评价			同学评价			教师评价		
	好	一般	不好	好	一般	不好	好	一般	不好
项目方案设计									
组建项目小组									
设计任务									
收集任务相关资料									
整理资料，完善最终汇报									
项目介绍									
组织项目汇报									
综合评价									

第五节　运用信息技术进行项目式学习的教学实施效果

一、有效提升教学效果

本次教学有效提升了小学道德与法治课的教学效果。

首先，信息技术为教师提供了丰富的教学资源，如多媒体课件、在线模拟案例、交互式教学软件等。这些资源能够以更直观、生动的方式呈现课程内容，帮助学生更好地理解和掌握知识。

其次，通过信息技术工具，教师可以创建虚拟的学习环境。这样的环境能够激发学生的学习兴趣和积极性，使他们更主动地参与学习。例如，在道德与法治课中，学生可以通过模拟案例进行模拟情境，亲身体验道德决策的过程，从而培养他们的道德判断能力和价值观。

最后，信息技术还支持学生进行自主学习和合作学习。学生可以利用网络资源进行自主学习，根据自己的兴趣和需求深入探究相关内容。

同时，信息技术也提供了在线协作工具，学生可以在小组中进行合作学习，共同解决问题和完成任务。这种学习方式培养了学生的团队合作能力和解决问题能力，进一步提高了他们的学习效果。

总的来说，信息技术在小学道德与法治课的教学中发挥了重要作用，有效提升了教学效果。它为学生提供了更丰富、更具趣味性的学习体验，激发了他们的学习兴趣和主动性，同时也培养了他们的合作能力和解决问题能力。

二、激发学生学习兴趣的教学实施效果

本次教学中，信息技术在项目式学习中的应用起到了积极的作用，有效激发了学生的学习兴趣。教师通过利用信息技术工具，创造了有趣、生动的学习环境，以增加教学内容的吸引力。

一方面，教师可以利用多媒体展示技术，将课程内容以图文并茂、动态生动的形式呈现给学生。通过图片、视频、音频等多媒体元素的运用，可以使学生更加直观地理解和记忆知识点，提高学习效果。

另一方面，信息技术为学生提供了探索和发现新知识的机会。通过在线资源和互动性工具，学生可以主动参与学习过程。他们可以利用互联网搜索相关资料，深入了解项目的背景和相关领域的知识。同时，学生还可以利用在线平台进行交流和合作，与同学们分享自己的发现和观点，促进彼此之间的学习和思考。

通过信息技术的应用，学生在项目式学习中能够更加积极地参与、探索和思考，提高他们的学习参与度和主动性。这种创新的教学方式不仅能够激发学生的学习兴趣，还能够培养他们的信息素养和自主学习能力。

三、提升了教学评价的有效性

本次教学采用了教师利用在线问卷软件发送评价表并汇总结果后利用电子评估系统、数据分析工具进行分析的方式进行教学评价。这种方

式使得评价过程更加高效和便捷。通过在线交流与讨论平台，学生可以分享自己的学习成果，交流自己的想法，并获得教师和同学的评价和反馈。这种互动和反馈机制能够帮助学生及时发现和改正错误，提高他们的学习效果。学生可以通过与他人的交流和讨论，拓宽自己的思维，深化对知识的理解。同时，教师通过多元化的评价和反馈，根据评价分析学生的表现，并根据学生的需求和问题进行评估和调整教学策略。这样的教学评价机制可以帮助教师更好地了解学生的学习情况和需求，进一步提升教学效果。教师可以根据学生的反馈和评价，进行个性化的指导和辅导，帮助学生取得更好的学习成果。

综上所述，运用信息技术开展小学道德与法治课项目式学习具有诸多教学实施效果。首先，信息技术提供了丰富的教学资源和工具，使教师能够更灵活地设计和呈现教学内容，从而有效提升教学效果。学生可以通过多媒体展示、虚拟实践等方式更加直观地理解和掌握知识。其次，信息技术创造了有趣的学习环境，激发了学生的学习兴趣和参与度。通过游戏化学习、在线交流与讨论平台等工具，学生能够以积极主动的态度参与学习，提高学习效果。学生可以在互动的学习环境中分享学习成果、交流想法，并获得及时的评价和反馈，从而不断提升自己的学习能力。再次，信息技术的应用还可以通过评价和反馈的方式来提升下一步教学效果。教师可以利用在线问卷软件收集学生的评价和意见，结合电子评估系统和数据分析工具进行分析，从而了解学生的学习情况和需求，并根据评估结果调整教学策略，进一步提升教学效果。总之，借助信息技术开展项目式学习对小学道德与法治课的教学具有积极的影响。它不仅提供了丰富的教学资源和创造有趣的学习环境，还通过评价和反馈的方式帮助教师不断改进教学策略。这为教育实践提供了新的途径和可能，有助于培养学生的综合素养和创新能力。

四、本章小结

本章主要介绍了基于信息技术的小学道德与法治课项目式学习的必要性和应用。

首先，通过信息技术的应用，可以为学生提供更加丰富、生动的学习资源，激发他们对道德与法治知识的兴趣和学习动力。并详细介绍了项目式学习的流程和操作模型，包括项目选择、团队合作、实践探究、成果展示等环节，使学生能够全面参与和体验学习过程。在教学案例部分，提供了一些具体的教学案例，展示了如何运用信息技术进行项目式学习。同时，还分析了这些教学案例的实施效果，从学生的学习表现、参与度和成果展示等方面进行评估。通过本章的介绍，读者可以全面了解基于信息技术的小学道德与法治课项目式学习的实施过程和效果。这种教学方法不仅能够提高学生的学习兴趣和参与度，还能够培养他们的团队合作能力、解决问题能力和创新思维，为他们的综合素质发展提供有力支持。本章探讨了基于信息技术的小学道德与法治课项目式学习的必要性。项目式学习能够增强学生的学习兴趣，激发他们的主动学习积极性。同时，项目式学习能够提高学习效果，培养学生的解决问题和合作能力。最后，项目式学习有助于培养学生的核心素养，包括信息素养、创新思维和社交能力等方面。

其次，本章介绍了基于信息技术的小学道德与法治课项目式学习的应用。教师可以通过接受信息技术培训，掌握项目式教学的基本方法和技巧，以便能够更好地引导学生进行项目式学习。利用信息技术可以开发多样化的教学资源，提供丰富的学习材料和工具。教师可以借助多媒体课件、在线模拟案例、交互式教学软件等资源，使学生能够以更直观、生动的方式理解和掌握课程内容。这些资源能够激发学生的学习兴趣，提高他们的参与度。同时，教师还可以利用信息技术进行项目式教学设计，从而引导学生主动参与学习。通过信息技术实现项目式教学情境导入和项目设计，能够创造出更具吸引力和挑战性的学习环境，激发学生的学习兴趣和积极性。学生将在实际解决问题的过程中，培养探究精神、合作能力和创新思维。总之，信息技术在小学道德与法治课项目式学习中的应用能够为教师提供更多教学手段和资源，同时激发学生的学习热情，提高学习效果。

再次，本章详细介绍了运用信息技术进行项目式学习的流程并给出了一些运用信息技术进行项目式学习的教学案例。其过程是：教师需要设计项目方案，确定项目的内容和目标。然后，组建项目小组，让学生组成合作小组进行学习和合作。接下来，设计任务，明确学生需要完成的具体任务和要求。学生会利用信息技术收集任务相关资料，整理资料并完善汇报。随后，学生会进行项目介绍和汇报，并进行综合评价。在确定了学习流程之后，基于以上流程运用信息技术进行项目式学习开展教学实践案例。案例中详细说明了项目方案的设计、项目小组的组建、任务的设计、资料的收集和整理，以及最终的项目介绍和汇报过程。同时，针对每个环节进行了综合评价，评估了学生在项目学习中的表现和收获。

最后，本章分析了运用信息技术进行项目式学习的教学实施效果。经过本次教学，确定这种新的教学模式能够有效提升教学效果，培养学生的自主学习能力和解决问题的能力。也能够激发学生的学习兴趣，使学习更加主动和积极。在教学结束后，教师通过信息技术提升了教学评价的有效性，通过综合评价，对学生的学习过程和成果进行了全面的评估。

综上所述，基于信息技术的小学道德与法治课项目式学习为小学生的全面发展提供了有效的教学方法。通过运用信息技术，教师能够设计和实施项目式学习，从而促进学生的主动学习和核心素养的培养，进一步提高教学效果和学生的学习兴趣。项目式学习能够激发学生的主动性和自主学习能力。通过信息技术的应用，教师可以为学生提供丰富的学习资源和工具，鼓励学生通过探究和实践来解决问题。这样的学习方式能够培养学生的解决问题能力、创新思维和团队合作能力，为他们的全面发展奠定基础。信息技术的运用能够增加学习的趣味性和互动性。教师可以利用多媒体展示、虚拟实践等方式，创造出有趣、生动的学习环境，使学生更加主动参与学习。通过在线资源和互动性工具，学生可以与教师和同学进行交流和合作，分享学习成果，获得及时的评价和反馈。这样的互动与反馈机制能够激发学生的学习兴趣，提高他们的学习动力。总之，基于信息技术的小学道德与法治课项目式学习不仅能够提高教学效果，还能够培养学生的自主学习能力和核心素养，为他们的全面发展打下坚实的基础。这种教学方法的应用为教育实践提供了新的途径和可能，有助于培养具有创新精神和合作能力的未来公民。

第五章　基于跨学科理念的小学道德与法治课项目式学习

在复杂的社会环境中，推动学生的道德成长和法律意识觉醒已经成为教育界和学者们关注的焦点，因为小学阶段是人心灵成长的黄金时期。因此，基于跨学科理念的小学道德课程与法治项目式学习的模式，是一种创新、深入且有效的教学方法。通过项目式学习的手段，将道德原则与法律情景相互融合，培养学生的道德判断力与法律意识，以提升他们的综合素养与社会责任感。此外，这种学习模式还可以从理论和实践两个角度深入研究，通过文献梳理和实证分析，探讨项目式学习在小学道德课程与法治教学中的应用效果。同时，也可以提出相应的策略建议，以期为小学道德与法治课程的教学改革和实践提供一定的参考和借鉴。最终，通过本研究的探索与实践，不仅能够为小学生的道德成长和法律意识觉醒提供一种创新、深入的教学模式，也能够为他们的未来发展奠定坚实的基础。

第一节　跨学科理念在教学中的应用

跨学科教学是一种教学方法，指的是在教学中跨越不同的学科进行教学的行为。教师在跨学科教学中，综合运用不同学科的知识，打破了传统学科之间的界限，将知识重新进行整合，从而把不同学科的知识进行融合教授，达到不同学科之间知识的互相促进，进而提高教学效果。跨学科教学的核心目标是培养学生的综合思维能力和跨学科的学科意识。通过跨学科教学，学生能够更好地理解和应用知识，将不同学科的概念和理论相互关联，形成更全面的认知。这种教学方法可以帮助学生建立知识之间的联系，提高他们的综合分析和解决问题的能力。跨学科教学也能够激发学生的学习兴趣和动力。通过将不同学科的知识融合在一起，教师能够创设出更具挑战性和创新性的学习环境。学生可以在跨学科的探究中体验到知识的实际应用和价值，从而激发他们的学习兴趣和主动性。总而言之，跨学科教学是一种促进学科之间相互关联和综合发展的教学方法。通过打破学科界限，整合不同学科的知识，跨学科教学能够提高教学效果，培养学生的综合思维能力和跨学科的学科意识。跨学科与项目式教学的融合具有可行性，体现在以下几个方面。

一、促进不同学科知识的整合

跨学科融合可以促进学科之间的联系与整合。传统的学科教学往往将知识划分为孤立的领域，导致学生难以将不同学科的知识联系起来，缺乏整体把握能力。而跨学科融合教学通过将相关学科的知识进行有机结合，帮助学生建立学科之间的联系，培养综合运用知识的能力。通过跨学科融合教学，学生能够更好地理解学科之间的相互关系和相互作用。例如，在解决实际问题时，学生可以运用数学知识进行数据分析，同时结合科学知识进行实验设计，以及考虑社会科学的影响因素等。这样的综合运用能力使学生能够更全面地理解和解决问题，培养出跨学科思维的能力。此外，跨学科融合教学也能够激发学生的学习兴趣和动力。通过将不同学科的知识融合在一起，教师能够创造出更具挑战性和创新性的学习环境。学生在跨学科的学习中可以体验到知识的实际应用和意义，增强了学习的实践性和可操作性，从而提高了学习的动机和积极性。综上所述，跨学科融合教学具有促进学科之间联系与整合的作用，并激发学生的学习兴趣和动力。这种教学模式有助于学生全面发展，更好地适应未来社会的综合性挑战。

二、提升学生学习的积极性和实际操作能力

项目式教学注重学生的主动参与和实践操作，通过设计具体的项目任务，激发学生的学习兴趣和主动性，培养他们的解决问题能力和创新思维。在项目式教学中，通过参与项目的策划、实施和评估，学生能够全面地运用所学知识和技能，解决真实世界中的问题。这种实践操作的过程不仅提高了学生的学习效果，还培养了他们的团队合作能力、沟通能力和解决问题的能力。通过项目式教学，学生能够将所学知识应用到实际情境中。他们不仅仅是被动地记忆和理解知识，而是通过实践操作，将知识转化为实际技能和经验。这种实用性的学习方式使学生能够更好地理解和掌握知识，提高学习的实效性和实用性。因此，项目式教学注重学生的主动参与和实践操作，通过激发学生的学习兴趣和主动性，培养他们的解决问题能力和创新思维。这种教学模式不仅提高了学生的学习效果，还培养了他们的实践能力和综合素养。

三、有助于提升学生的综合能力

跨学科与项目式教学的融合有助于培养学生的综合能力。跨学科与项目式教学注重培养学生的深入探索思维、创新能力、团队合作能力等综合能力，使他们具备面对复杂问题和挑战的能力。跨学科与项目式教学的融合可以帮助学生跳出狭隘的学科框架，从多个学科的角度去思考和解决问题。学生通过项目的设计和实施，需要综合运用不同学科的知识和技能，培养了他们的综合思维能力。他们需要运用深入探索思维，分析问题的各个方面，从不同学科的角度进行思考和评估。这种综合能力的培养使学生能够更全面地理解和解决问题，培养出跨学科思维的能力。同时，跨学科与项目式教学也注重培养学生的创新能力。在项目的设计和实施过程中，学生需要运用创新思维，提出新颖的解决方案，面对挑战时能够寻找创新的方法。这种创新能力的培养使学生能够在面对

未知问题和复杂情境时，具备灵活性和创造力，能够提出独特的解决方案。此外，跨学科与项目式教学也强调团队合作能力的培养。在项目中，学生通常需要与其他同学合作，共同完成任务。通过与他人合作，学生能够学会有效地沟通、协调和合作，培养团队合作能力。这种能力的培养使学生能够在团队中发挥各自的优势，共同解决问题，培养出良好的合作精神和团队意识。因此，跨学科与项目式教学的融合能够全面培养学生的综合能力，使他们具备深入探索思维、创新能力和团队合作能力等综合素养，为他们未来的学习和发展打下坚实的基础。

四、小结

总之，跨学科与项目式学习的融合教学在教育实践中具有极其重要的必要性。这种教学方式不仅能够促进学科之间的联系与整合，提高学生的综合运用能力，而且可以培养学生的创新思维和解决问题能力。此外，它还能够激发学生的学习兴趣和主动性，提升他们的社会责任感和团队协作能力。跨学科与项目式学习的融合教学能够打破传统教学的局限性，使学生能够跨越学科的边界，综合运用不同学科的知识和技能。这种综合性的学习方式有助于培养学生的综合思维能力和跨学科的学科意识。学生通过参与具体的项目任务，能够在实践中运用所学知识解决问题，培养创新思维和解决问题能力。他们不仅仅是被动地接受知识，而是积极主动地参与学习过程，培养自主学习和合作学习的能力。此外，跨学科与项目式学习的融合教学还能够激发学生的学习兴趣和主动性。通过项目的设计和实施，学生能够体验到学习的乐趣和成就感，从而提高他们的学习动力。他们在团队合作中学会了倾听和尊重他人的观点，培养了社会责任感和团队协作能力。这种积极参与的学习方式有助于培养学生的终身学习能力，并为他们未来的职业发展奠定坚实的基础。因此，教育实践中应该更加重视并推广跨学科与项目式学习的融合教学方式，以实现更有效的教育实践，培养具有综合能力和创新思维的学生。这种教学方式能够使学生在学习中获得更多的成长和发展，为他们的未来做好充分的准备。

第二节　基于跨学科理念的小学道德与法治课项目式学习的必要性

一、提升学生的核心素养

小学道德与法治跨学科融合教学的必要性在于提升学生的核心素养。道德与法治是社会生活中不可或缺的重要组成部分，对于培养学生的良好价值观、道德品质和法律意识具有重要意义。将道德与法治融入小学教育中，可以帮助学生建立正确的道德观念和法律意识，培养他们的社会责任感和法治意识。

首先，道德与法治跨学科融合教学可以帮助学生树立正确的价值观。通过教授道德原则和法律规范，学生能够了解社会公德、家庭伦理、友情互助等道德观念，培养他们的道德判断力和道德行为准则。同时，学生也能够了解法律的作用和意义，明确法律对社会秩序和个人权益的保护，从而形成正确的法治观念。

其次，跨学科融合教学有助于培养学生的思辨能力和创新意识。道德与法治的教学内容涉及伦理道德、公平正义、法律法规等多个领域，需要学生进行思考、分析和评判。通过讨论案例、开展模拟情境等活动，能够培养学生深入探索思维和解决问题能力，激发他们的创新意识和创造力。

再次，道德与法治跨学科融合教学还能够促进学科之间的综合应用。道德与法治的内容涉及语文、社会、科学等多个学科，通过跨学科融合教学，可以促进不同学科之间的知识互通和融合。例如，通过阅读法律文本，学生既可以提升语文阅读理解能力，又能够了解法律知识；通过研究社会问题，学生既可以了解社会现象，又能够探讨道德和法律的关系。

最后，小学道德与法治跨学科融合教学的必要性在于提升学生的核心素养。通过培养正确的价值观、思辨能力和综合应用能力，学生能够成为具有良好道德品质和法治意识的社会公民，为社会的发展和进步作出积极贡献。

二、提升教学效果

小学道德与法治跨学科融合教学的必要性在于提升教学效果。通过跨学科融合教学，可以实现知识的互通和综合应用，从而提高学生的学习效果和学习动机。

首先，跨学科融合教学可以增强学生对道德与法治知识的理解和记忆。道德与法治涉及伦理道德、法律法规、社会规范等多个领域的知识。通过跨学科融合教学，将道德与法治知识与其他学科的知识相结合，可以帮助学生将抽象的概念具象化，增强学习的可感知性和可理解性。例如，在语文课上通过阅读文学作品来讨论伦理道德问题，在社会科学课上通过研究法律案例来了解法治原则，这样可以使学生对道德与法治知识有更深入的理解和记忆。

其次，跨学科融合教学可以提供更多的学习资源和情境。传统的学科教学往往只侧重于知识的传授，缺乏真实的情境和实践的机会。而跨学科融合教学可以通过项目式学习等方式，将道德与法治知识与实际生活情境相结合，提供更多的学习资源和情境。学生可以通过参观法庭、模拟法庭辩论等活动来亲身体验法律的实施和司法的过程，从而增强对法律的理解和应用能力。

再次，跨学科融合教学可以培养学生的跨学科思维和创新能力。道德与法治的教学内容涉及多个学科的知识，要求学生进行综合性的思考和分析。通过跨学科融合教学，学生将面临更多的跨学科问题和挑战，需要运用不同学科的知识进行综合分析和解决。这有助于培养学生的跨学科思维和创新能力，提高他们的解决问题能力和综合素养。

最后，小学道德与法治跨学科融合教学的必要性在于提升教学效果。通过增强学生对知识的理解和记忆、提供更多的学习资源和情境，以及促进学生的跨学科思维和创新能力，可以有效提高学生的学习效果和学习动机。因此，跨学科融合教学在小学道德与法治课教学中具有重要的应用价值。

三、提升学生的实践与应用能力

小学道德与法治跨学科融合教学的必要性在于提升学生的实践与应用能力。传统的道德与法治教育往往侧重于理论知识的传授，缺乏实践与应用的机会。而跨学科融合教学将道德与法治知识与其他学科的知识相结合，通过实际情境和实践活动，帮助学生将所学知识应用到实际生活中。

首先，跨学科融合教学可以通过项目式学习等方式，让学生参与真实的情境和实践活动。例如，在学习道德与法治的过程中，学生可以扮演法官、律师等角色，模拟法庭辩论，通过实际操作来理解法律的实施和司法的过程。这样的实践活动可以帮助学生将抽象的概念转化为具体的行动，提高他们的实践能力。

其次，跨学科融合教学可以培养学生的解决问题能力和创新思维。道德与法治的教学内容常常涉及伦理道德、社会公正、法律法规等复杂的问题。通过跨学科融合教学，学生将面临更多的跨学科问题和挑战，需要运用不同学科的知识进行综合分析和解决。这有助于培养学生的解决问题能力和创新思维，提高他们的实践与应用能力。

最后，跨学科融合教学还能够促进学生的团队合作和沟通能力的发展。在跨学科融合的教学环境中，学生需要与来自不同学科背景的同学合作，共同解决问题。通过合作学习，学生能够学到如何与同学沟通和交流，从而培养学生的团队精神和实际问题的解决能力。

四、培养社会责任感

小学道德与法治跨学科融合教学的必要性在于培养学生的社会责任感。道德与法治教育不仅仅是为了传授知识和规则，更重要的是要引导学生树立正确的价值观和道德观，培养他们对社会的责任感和参与意识。通过跨学科融合教学，将道德与法治知识与其他学科的知识相结合，可以帮助学生深入理解道德和法治对社会的重要性。例如，在学习社会科学的过程中，学生可以通过研究法律案例来了解法律的作用和意义；在语文课上，通过阅读文学作品来探讨伦理道德问题。这样的跨学科融合教学可以让学生从不同角度了解社会的道德和法治要求，培养他们对社会责任的认识。

此外，跨学科融合教学还可以通过实践活动和社区参与来培养学生的社会责任感。例如，学生可以参与社区义工活动，了解社区问题，并提出解决方案。通过实际参与和实践，学生能够体验到自己的行为对社会的影响，培养他们关心他人、尊重规则、积极参与社会事务的意识和能力。通过参与社区活动，学生能够与不同背景的人们进行交流和合作，增强他们的团队合作能力和人际交往技巧。他们将学习如何与他人合作、协调和解决问题，培养出宽容、合作和包容的态度。这样的社区参与经历能够帮助学生树立正确的价值观，培养他们的社会责任感和公民意识。跨学科融合教学通过将学科知识与实践结合，使学生能够将所学知识应用到实际生活中，理解知识的实际意义。学生通过实践活动和社区参与，不仅能够提高自身的学习效果，还能够为社会作出积极的贡献。这种社会责任感的培养将使学生在未来成为有意义的社会成员，并为社会的发展和进步作出贡献。最后，跨学科融合教学还可以通过案例分析和讨论等方式，引导学生思考道德和法治问题，并培养他们的判断力和决策能力。学生在跨学科的学习中，需要运用道德和法治的知识来分析和解决问题，培养他们的道德判断和决策能力。这样的教学方式可以让学生在实际情境中思考道德和法治问题，培养他们的社会责任感和道德意识。

总之，小学道德与法治跨学科融合教学的必要性在于培养学生的社会责任感。通过跨学科的学习和实践活动，学生可以深入了解社会的道德和法治要求，参与社会事务，培养他们的社会责任感和参与意识。这将为他们未来的成长和发展奠定坚实的基础。小学阶段是培养学生价值观和道德观念的关键时期。通过道德与法治的跨学科融合教学，学生可以学习到社会规范、道德原则、法律法规等方面的知识。他们将了解到什么是公平、正义、诚实等道德价值观，以及法律的基本原则和社会秩序的重要性。通过实践活动，学生将有机会应用这些知识，参与到社会事务中，体验到道德和法治的实际应用。这种跨学科融合教学不仅仅是传授知识，更重要的是培养学生的社会责任感和参与意识。学生将意识到自己是社会的一员，他们的行为和决策会对社会产生影响。通过参与实践活动，他们将学会关心他人、尊重规则、积极参与社会事务。这种社会责任感的培养将为学生的未来成长和发展奠定坚实的基础，使他们成为有社会责任感的公民。

第三节　基于跨学科理念的小学道德与法治课项目式学习的特点

一、促进学科融合

这种项目式学习方式首先注重学科融合。在传统的学科教学中，每个学科都有其独立的教学内容和评估标准，而跨学科学习则打破了这种边界，将不同学科的知识和技能整合到一个项目中。例如，在道德与法治课程中，可以与语文、历史、地理等学科相结合，让学生通过研究历史事件、社会现象等，深入理解道德和法治的重要性。项目式学习打破了传统学科边界，将道德与法治课程与多学科知识相结合，让学生在完成项目的过程中，能够综合运用不同学科的知识和技能。基于跨学科理念的小学道德与法治课项目式学习是一种综合了道德教育、法治教育以及其他学科知识的教学方法。它旨在通过项目的方式，将不同学科的知识与道德与法治教育相结合，培养学生的综合素养和跨学科思维能力。通过学科融合，项目式学习能够帮助学生建立更全面的知识体系，培养他们的跨学科思维能力。在完成项目的过程中，学生需要综合运用不同学科的知识和技能，例如，在研究环境保护问题时，学生需要运用到自然科学、社会科学、历史、语文等多个学科的知识。这种学习方式不仅让学生深入理解道德与法治的知识和价值观，还能够帮助他们发展解决实际问题的能力。

在这个项目式学习中，学生将面临一个真实的问题或情境，需要运用道德和法治的知识来解决。这个问题可以是与学生生活经验相关的，例如如何平等对待他人、如何遵守交通规则等。学生需要运用道德原则和法律法规，分析问题、提出解决方案，并在实际操作中实施这些方案。跨学科项目式学习还鼓励学生从多个角度思考问题。在传统的教学中，学生往往只从一个学科的角度看待问题，而跨学科学习则让学生从多个学科的角度进行分析和思考。这种多元化的思考方式能够培养学生的深入探索思维和创新意识，帮助他们更好地应对复杂的社会问题和挑战。

这种项目式学习的优势在于它能够激发学生的学习兴趣和主动性。通过与真实问题的接触，学生能够更好地理解道德与法治的重要性，并将其应用于实际生活中。此外，跨学科的教学方法还能够帮助学生建立不同学科之间的联系，促进知识的整合和综合运用。基于跨学科理念的小学道德与法治课项目式学习注重学科融合，通过将道德与法治课程与多学科知识相结合，为学生提供更加丰富、多元的学习体验。这种学习方式能够帮助学生建立更全面的知识体系，培养他们的跨学科思维能力、解决实际问题的能力和创新精神。

在实施这种项目式学习时，教师需要扮演引导者的角色，提供必要的指导和支持。他们可以组织学生进行小组合作，鼓励学生互相交流和分享不同学科的知识。同时，教师还可以引导学生进行反思和评估，帮助他们总结经验和提高学习效果。

总之，基于跨学科理念的小学道德与法治课项目式学习是一种创新的教学方法，它能够培养学生的综合素养和跨学科思维能力。通过将道德与法治教育与其他学科知识相结合，学生能够更好地理解和应用道德与法治原则，为他们的成长和未来发展做好准备。

二、教学实践性强

项目式学习强调学生的实践性和主体性，让学生在实践中学习知识、掌握技能、培养情感态度和价值观。跨学科与项目式学习融合教学旨在将不同学科的知识和技能融合到一个实际的项目中，让学生在解决实际问题中学习、实践和成长。同时，这种教学方式也注重培养学生的创新思维、团队协作和解决问题的能力。基于跨学科理念的小学道德与法治课项目式学习具有很强的实践性，它通过实际的项目活动，让学生亲身参与、实践和体验，从而加深对道德与法治知识的理解和应用。

首先，项目式学习注重学生的主动参与和实际操作。在跨学科与项目式学习融合教学中，学生需要参与到实际的项目中，扮演着解决问题的实际角色。他们需要运用多学科知识和技能，包括道德与法治知识来解决实际问题。例如，在“环保行动”项目中，学生可能会扮演环保组织成员的角色，参与调查当地的环境问题，提出解决方案并付诸行动。这种实践性的学习方式能够让学生亲身体验到道德与法治的实际应用，培养他们的实践能力和解决问题的能力。同时，学生也会学到与环保相关的科学、技术、经济等学科的知识和技能，从而促进跨学科的学习和思考。

其次，基于跨学科理念的项目式学习是鼓励学科融合与整合的重要方式。在道德与法治课程中，学生需要运用多学科的知识和技能来解决问题，这不仅涉及科学、地理和社会学等学科知识，还需要了解相关的法律法规。这种跨学科的学习方式有助于打破传统学科之间的壁垒，促进不同学科之间的交流与融合。

通过项目式学习，学生可以在实际问题的解决过程中，将不同学科的知识进行整合，形成综合的解决方案。在这个过程中，学生不仅能够深入理解道德与法治课程的核心概念，还能够培养解决实际问题的能力。此外，跨学科的学习方式还有助于培养学生的创新思维和团队协作能力，使他们更好地适应未来社会的挑战。例如，在探讨环境保护问题时，学生需要综合运用科学知识、地理知识和社会学知识，了解环境问题的成因、影响和解决方案。通过这种跨学科的学习方式，学生不仅能够深入理解环保问题的本质，还能够培养解决实际环境问题的能力。在这个过程中，学生还能够了解到不同学科之间的联系和整合，形成综合性的环保意识，为未来的可持续发展作出贡献。因此，基于跨学科理念的项目式学习是促进学生知识整合和实践能力发展的重要途径。通过这种方式，学生可以更好地适应未来社会的挑战，成为具备综合素质的全面发展的人才。

此外，基于跨学科理念的项目式学习不仅鼓励学科的融合与整合，还鼓励学生进行团队合作和社会参与。在项目中，学生通常会被分成若干小组，每个小组需要共同协作完成特定的任务。这种团队合作的实践活动中，学生需要相互合作、协商、分工，共同解决问题。通过这种方式，学生不仅能够学会如何与他人合作，还能够培养沟通能力和领导能力，进一步增强他们的团队精神。项目式学习也鼓励学生积极参与社会事务，与社会进行互动和参与。例如，学生可以与社区合作解决一些社会问题，比如环境污染、社区服务等。他们也可以与专业人士进行交流和合作，了解行业最新动态和技术，从而增强自己的实践能力和职业素养。这种实践性学习能够让学生更好地理解社会的复杂性和多样性，培养他们的社会责任感和公民意识。因此，通过跨学科的项目式学习，学生不仅能够深入掌握各学科知识，还能够培养团队合作能力、沟通能力和社会责任感。这种全面发展的教育方式有助于培养学生的综合素质，使他们更好地适应未来社会的挑战。

总之，基于跨学科理念的小学道德与法治课项目式学习具有很强的实践性。通过实际的项目活动，学生能够亲身参与、实践和体验道德与法治知识的应用。这样的学习方式不仅能够加深学生对道德与法治知识的理解，还能够培养他们的实践能力、解决问题的能力、合作意识和社会参与能力。例如，在一个道德决策项目中，学生可以扮演不同的角色，面对各种道德困境，通过讨论和合作来寻找最佳解决方案。这种实践性学习不仅能够提高学生的学习效果，还能够为他们的成长和未来的社会参与做好准备。通过这样的学习经历，学生将能够更好地理解和应用道德与法治知识，培养出全面发展的个人素养，并为他们将来在社会中的模拟情境打下坚实的基础。

三、提升自主学习能力

项目式学习鼓励学生主动探索、实践和创新，通过自我反思和自我评价，帮助学生提高学习能力和自我管理能力。小学道德与法治课的跨学科融合项目式教学可以促进学生的自主学习，激发他们的主动性和学习兴趣。主要体现在以下几个方面。

一是提供学习选择的机会。项目式教学为学生提供了选择不同项目的机会。学生可以根据自己的兴趣和学习需求选择参与的项目，从而增加他们对学习的主动性和投入度。

二是鼓励学生自主设计学习路径。在项目式教学中，学生可以自主设计学习的路径和方式。他们可以根据自己的学习目标和兴趣选择学习资源、制订学习计划，并根据自己的进展进行调整。这样的学习过程可以培养学生的自主学习能力和自我管理能力。

三是引导学生自主解决问题。项目式教学强调学生的实践和解决问题的能力。学生在项目中面临各种挑战和问题，需要自主思考、探索解决方案。教师的角色是引导和支持，鼓励学生独立思考和解决问题，从而培养他们的解决问题能力和创新思维。

四是提供反馈和评价的机制。在项目式教学中，教师可以提供及时的反馈和评价。学生可以通过自我评价、同伴评价和教师评价来了解自己的学习进展和改进方向。这样的反馈和评价机制激励学生主动反思和调整学习策略，提高他们的学习效果和自我监控能力。

总之，小学道德与法治课的跨学科融合项目式教学可以促进学生的自主学习，培养他们的学习能力和自主发展的意识。

四、培养学生解决问题能力

项目式学习注重培养学生的深入探索思维和解决问题能力，让学生能够综合运用多学科知识和技能，提高解决问题的能力。小学道德与法治课的跨学科融合项目式教学可以有效地培养学生的解决问题能力。主要体现在以下几个方面。

一是创设实践性问题情境。项目式教学通过提供实践性的问题情境，激发学生主动思考和解决问题的能力。学生在项目中面临真实的道德和法治问题，需要运用所学的知识和技能进行分析、判断和决策，从而培养他们的解决问题能力。在项目式教学中，学生不仅仅是听老师讲授知识，而是主动地参与到问题的解决过程中。他们需要运用所学的道德和法治知识，结合实际情境，进行分析和判断。通过面对真实的问题和挑战，学生被鼓励思考各种可能的解决方案，并作出明智的决策。这样的学习方式培养了学生的解决问题能力。他们不仅需要运用学科知识，还需要运用逻辑思维、深入探索思维和创造性思维来解决复杂的问题。通过与团队成员的合作和讨论，学生可以从不同的角度和观点出发，找到最佳的解决方案。此外，项目式教学还提供了一个让学生在实践中体验和应用道德和法治知识的机会。他们可以通过模拟法庭、辩论比赛等活动，亲身体验法律的运作和道德决策的过程。这样的实践经验不仅加深了学生对知识的理解，还培养了他们的实践能力和判断力。

二是提升学生跨学科知识的运用。项目式教学将道德与法治课与其他学科内容相结合，要求学生综合运用多学科的知识和技能来解决问题。这种跨学科的学习方式可以帮助学生更全面地理解和应用道德与法治知识，同时培养他们跨学科解决问题的能力。通过学习相关的法律和道德规范，他们可以理解环境保护的法律要求和道德责任。此外，他们还可以运用社会科学知识，了解环境保护对社会和经济的影响，并探讨可持续发展的方案。

通过跨学科的学习，学生能够综合运用不同学科的知识和技能，从多个角度思考和解决问题。这种综合性的学习方式培养了学生的综合思维能力和创新能力。他们不仅能够在特定学科领域中深入思考，还能够将不同学科的知识相互融合，提出综合性的解决方案。

综合运用多学科的知识和技能，不仅能够提升学生跨学科解决问题的能力，还能够增强他们的综合素养和适应未来社会的能力。在现实生活中，问题往往是复杂而多样的，需要综合运用各个学科的知识和技能来解决。通过项目式教学，学生能够培养出综合运用多学科知识的能力，为将来的学习和工作打下坚实的基础。

三是提升学生的合作与协作能力。项目式教学鼓励学生进行合作与协作，共同解决问题。学生可以在小组或团队中互相交流、协商和合作，共同分析问题、提出解决方案，并进行实践操作。这样的合作与协作过程不仅培养了学生的团队合作能力，还提升了他们的解决问题能力。

在小组或团队中进行合作与协作，学生有机会分享彼此的观点和经验。通过相互交流和讨论，他们能够从不同的角度思考问题，获得更全面的认识。同时，学生也会倾听他人的意见和建议，尊重多样性的观点，从而促进协作和共识的形成。在共同分析问题和提出解决方案的过程中，学生能够发挥各自的优势和专长。每个成员都可以贡献自己的想法和创意，共同推动项目的进展。通过实践操作，学生可以将理论知识应用到实际情境中，不断调整和改进解决方案。这种实践性的学习过程不仅提升了学生的解决问题能力，还培养了他们的创造力、创新思维和实际操作的能力。

总的来说，项目式教学通过鼓励学生进行合作与协作，为他们提供了一个实践和团队合作的平台。这种学习方式不仅培养了学生的团队合作能力，还提升了他们解决问题的能力，为他们未来的学习和工作打下坚实的基础。

四是反思与评估。项目式教学强调学生的反思和评估能力。在项目结束后，学生可以对自己解决问题的过程进行反思和评估，思考解决问题的有效性、改进的可能性等。这样的反思与评估过程帮助学生不断提升解决问题的能力，培养他们的深入探索思维和自我反省能力。通过反思和评估，学生能够回顾整个项目的过程，思考他们在解决问题中的思维方式和决策过程。他们可以评估自己的解决方案在实践中的有效性，并思考是否有改进的空间。这种自我评估的能力帮助学生发现问题和不足之处，并提出改进的方案。

同时，反思和评估还培养了学生的深入探索思维能力。他们不仅仅关注解决问题的结果，还会思考解决问题的方法、逻辑和合理性。通过对自己和团队的表现进行批判性分析，学生能够发现问题的根源，并寻找更有效的解决途径。

这种反思和评估的过程还培养了学生的自我反省能力。他们学会审视自己的行为、决策和思维方式，发现自己的优点和不足。通过不断反思和改进，学生能够不断提升自己的解决问题能力，并成为更有思考力和适应力的学习者。通过小学道德与法治课的跨学科融合项目式教学，学生可以在实践中培养解决问题的能力，提升他们的思维能力、合作能力和反思能力，为他们未来面对各种挑战和问题做好准备。

五、提升团队合作能力

项目式学习通常以小组为单位进行，让学生在合作完成项目的过程中，培养团队合作、交流和组织规划能力。小学道德与法治课的跨学科融合项目式教学可以有效地提升学生的团队合作能力。以下是几个方面的论述。

一是提升团队项目合作能力。项目式教学通常以小组或团队形式展开，要求学生在团队中合作完成项目任务。通过与他人合作，学生不仅能够分享彼此的想法和意见，还能够倾听他人的意见、尊重他人的观点，并协调冲突以达成共识。这样的合作过程不仅有助于学生培养团队合作能力，还能够提升他们的沟通技巧和协作能力。

在项目式学习中，学生需要分工合作，各自承担特定的责任和任务。通过共同努力，他们能够相互支持和协作，共同解决问题并实现共同目标。这种合作过程不仅培养了学生的团队合作能力，还促进了他们的创造力和解决问题的能力。此外，项目式教学还为学生提供了一个与他人互动和合作的平台。学生可以通过讨论、分享和交流彼此的观点和经验，从而拓宽了他们的视野和思维方式。这种合作过程不仅促进了学生的学术成长，还培养了他们的合作意识和社交技巧，为他们未来的社会参与和职业发展奠定了坚实的基础。总之，项目式教学的合作过程不仅培养了学生的团队合作能力，还促进了他们的沟通技巧、协作能力和解决问题的能力。这种实践性学习方式不仅提高了学生的学习效果，还为他们的个人成长和未来的社会参与打下了坚实的基础。

二是提升分工合作与互补能力。在项目中，学生可以根据自己的兴趣和特长进行分工合作。每个成员负责不同的任务，通过协作互补，共同完成项目。这样的合作方式鼓励学生发挥自己的特长，同时也学会相互依赖和支持，提升团队合作能力。通过分工合作，学生可以充分发挥自己的专长和技能，将个人的优势与团队的目标相结合。例如，在一个科学实验项目中，一个学生可能擅长实验设计，另一个学生可能擅长数据分析，而另一个学生则擅长撰写报告。他们可以根据各自的能力和兴趣，分工合作，共同完成项目的各个环节。这种合作方式不仅能够提高项目的效率和质量，还能够培养学生的领导力、协作能力和解决问题能力。

此外，分工合作也鼓励学生相互依赖和支持。在项目中，每个成员的任务都是相互关联的，彼此之间需要进行有效的沟通和协调。学生学会倾听和尊重他人的观点，学会相互支持和帮助，共同克服困难和挑战。这样的合作经验不仅有助于培养学生的团队合作能力，还能够培养他们的社交技巧和人际关系的建立。总之，通过在项目中进行分工合作，学生能够充分发挥自己的优势，同时学会相互依赖和支持，提升团队合作能力。这种合作方式不仅有助于项目的顺利进行，还能够培养学生的领导力、协作能力和解决问题能力，为他们未来的学习和工作打下坚实的基础。

三是提升沟通与协调能力。在团队合作中，学生需要进行有效的沟通和协调。他们需要表达自己的观点、倾听他人的意见，并在团队中达成共识。通过这样的沟通和协调过程，学生学会与他人合作、协商决策，并解决团队中出现的问题，提升了团队合作能力。有效的沟通是团队合作中至关重要的一环。学生需要清晰地表达自己的想法和意见，以便其他成员能够理解和接受。同时，他们也需要倾听他人的观点，尊重不同的意见和想法。通过积极的沟通，可以促进学生信息的流动，减少误解和冲突，并建立起相互信任和尊重的关系。

在协调过程中，学生需要学会权衡不同的意见和需求，以达成共识。他们可以通过讨论、辩论和妥协来解决分歧，并制定出最佳的解决方案。这种协商决策的过程不仅培养了学生的团队合作技巧，还培养了他们的解决问题能力和创新思维。当团队面临问题和挑战时，学生通过沟通和协调能够更好地解决困难。他们可以共同分析问题的根源，提出解决方案，并分工合作来实施。通过团队的智慧和努力，学生能够克服困难，取得成功，并从中获得宝贵的经验和教训。

总的来说，通过小学道德与法治课的跨学科融合项目式教学，学生可以在实践中提升团队合作能力，培养合作精神和团队意识，为将来的学习和工作打下坚实的基础。通过有效的沟通和协调，学生在团队合作中不仅能够提升自己的能力，还能够培养出色的团队合作精神和领导力。这些技能和经验将对他们未来的学习和职业发展产生积极的影响。

四是提升目标共享与团队凝聚力。在项目式教学的框架下，学生们围绕一个共同的目标而努力，这不仅激发了他们对共同目标的认同感，而且显著增强了团队的凝聚力。通过集体追求这一目标，学生们在实践中学习如何协调各自的努力，实现团队的整体目标。这种协作过程不仅锻炼了他们的团队合作能力，而且深化了他们对团队精神的认识和价值。

在学习过程中，学生们学会了倾听、尊重不同的观点，以及如何在团队中发挥自己的独特作用。他们体验到了团队协作带来的成就感和满足感，这种体验对于培养他们的社会责任感和集体荣誉感至关重要。通过项目式学习，学生们能够在一个支持和鼓励的环境中，发展出解决问题的策略，提高沟通和协调的能力，这些都是21世纪不可或缺的关键技能。

此外，项目式学习还鼓励学生在面对挑战和困难时展现出坚韧和适应性。当团队成员共同克服障碍，达成目标时，他们不仅增强了解决问题的能力，也加深了彼此间的信任和支持。这种基于共同目标的团队合作经验，为学生们未来的学习和生活奠定了坚实的基础，使他们能够在多元化和不断变化的世界中，更好地适应和成长。

第四节　基于跨学科理念的小学道德与法治课项目式学习的教学理念

一、确定教学目标

在道德与法治课中，教师可以根据课程内容，联系学生的实际生活经验，设定明确的跨学科学习主题。跨学科教学要求教师打破传统学科的界限，整合多个学科的教学资源。例如，在教授道德与法治课程中关于环保的内容时，可以引入科学课程中的相关知识，如生态系统的运行规律，以及历史课程中关于环境变化的历史事件等。基于跨学科理念的小学道德与法治课项目式学习的教学理念，在确定教学目标时应考虑以下几个方面。

一是掌握知识的目标。教学目标应包括学生对道德与法治知识的理解和掌握。这包括了道德价值观、法律法规、社会责任等方面的知识。学生应能够理解道德与法治的基本原则和概念，并能够应用于实际生活中的情境。项目式学习将道德与法治知识与其他学科的知识相融合，通过跨学科的学习方式，帮助学生在实际情境中理解和应用道德与法治的原则和概念。例如，在探讨环境保护问题时，可以结合科学知识了解环境污染的影响，结合社会科学知识了解相关法律法规和社会责任等。

二是培养学生实践能力的目标。项目式学习注重学生的实践与应用能力培养。通过实际参与项目，学生可以运用道德与法治知识解决现实问题，培养他们的创新思维、解决问题能力和团队合作精神。例如，学生可以通过实践活动，将道德与法治知识应用到实际情境中，提高实践能力。因此，教学目标还应包括学生能够将所学的道德与法治知识应用于实际情境中，拥有解决问题和面对挑战的能力。学生应能够运用道德与法治的原则，参与社区活动，提出解决方案，并能够有效地表达和沟通自己的观点。

三是深入探索思维目标。项目式学习鼓励学生进行批判性思考和深入分析。因此，教学目标还应包括培养学生的深入探索思维能力。学生应能够提出问题、分析不同观点、评估信息的可靠性，并能够作出合理的判断和决策。

四是培养学生主流价值观的目标。项目式学习强调培养学生的情感与价值观。通过项目的设计，可以引导学生思考和讨论道德和伦理问题，激发他们对社会正义、公平和道德责任的关注。通过参与项目，学生可以形成积极的社会价值观和道德观念。因此，教学目标还应包括培养学生的社会责任感、公平正义观念和道德意识。学生应能够关心他人、尊重他人权利，具备积极的社会价值观和道德观念。

总之，通过明确这些教学目标，可以指导教师在教学设计和评估中更加有针对性地进行教学活动和评价学生的学习成果。同时，这些目标也能够帮助学生明确学习的方向和期望，激发他们的学习动力和兴趣，促进他们全面发展。

二、建立不同学科的知识联系

基于跨学科理念的小学道德与法治课项目式学习的教学理念强调建立不同学科的知识联系，以促进学生的综合学习和全面发展。在项目式学习中，道德与法治知识与其他学科的知识相互融合，形成有机的学习体系。

第一，道德与法治课与社会科学学科有着紧密的联系。社会科学探讨社会现象、人类行为和社会组织等方面的知识，而道德与法治正是社会科学的重要组成部分。通过项目式学习，学生可以在实践中了解社会的道德和法治要求，通过社会科学的研究方法和理论，深入分析社会问题，形成对社会的认知和理解。

第二，道德与法治课与文科类学科有着密切的联系。语言是道德与法治的表达和传播工具。基于跨学科理念的小学道德与法治课项目式学习的教学理念注重建立与文科学科的知识联系，以促进学生的综合学习和全面发展。在项目式学习中，道德与法治知识与文科学科的知识相互融合，帮助学生更好地理解和应用道德与法治的原则和概念。

首先，道德与法治课与语文学科有着密切的联系。语文学科涉及语言文字的学习和运用，而道德与法治需要学生具备良好的语言表达和沟通能力。通过项目式学习，学生可以通过阅读文学作品、进行辩论和讨论等活动，提高语言表达能力，培养深入探索思维和逻辑思维，进一步理解和运用道德与法治的知识。

其次，道德与法治课与历史学科也存在着关联。历史学科探讨人类社会的发展和演变，而道德与法治涉及社会伦理和法律的历史背景。通过项目式学习，学生可以了解历史事件对道德与法治的影响，如法律的演变、社会的道德观念的变化等，从而加深对道德与法治的理解和认识。

最后，道德与法治课与文学学科也有联系。文学作品中常常涉及道德和法律的问题，通过阅读文学作品，学生可以感受到不同道德观念和法律制度对人们生活的影响。通过项目式学习，学生可以通过对文学作品的分析和讨论，理解道德与法治的多样性和复杂性，培养他们对不同观点的理解和尊重。

总之，基于跨学科理念的小学道德与法治课项目式学习的教学理念强调建立与文科学科的知识联系。通过与语文学科、历史学科和文学学科的融合，学生能够全面理解和应用道德与法治知识，培养综合学习的能力，促进他们的全面发展。这种综合学习的方式有助于学生通过项目式学习阅读文学作品、进行辩论和讨论等活动，提高语言表达能力，培养深入探索思维和逻辑思维，进一步理解和运用道德与法治的知识。

第三，道德与法治课与理科学科也存在着关联。科学知识可以为道德与法治提供理论依据和实证研究。基于跨学科理念的小学道德与法治课项目式学习的教学理念注重建立与理科学科的知识联系，以促进学生的综合学习和全面发展。在项目式学习中，道德与法治知识与理科学科的知识相互融合，帮助学生更好地理解和应用道德与法治的原则和概念。

首先，道德与法治课与生物学科有着紧密的联系。生物学探索生命现象和生物规律，而道德与法治涉及生命伦理和生物技术等问题。通过项目式学习，学生可以了解生物技术的应用和伦理道德问题，如基因编辑、动物权益等，从而培养他们对生命的尊重和伦理意识。

其次，道德与法治课与物理学科也存在着关联。物理学研究物质和能量的运动规律，而道德与法治涉及科技伦理和能源问题等。通过项目式学习，学生可以了解科技发展的伦理问题，如人工智能的应用、能源的可持续性等，培养他们对科技发展的审慎和负责任的态度。

最后，道德与法治课与化学学科也有联系。化学研究物质的组成和变化规律，而道德与法治涉及化学安全和环境保护等问题。通过项目式学习，学生可以了解化学品的安全使用和环境污染的防治，培养他们对化学品安全和环境保护的意识和责任感。

总之，基于跨学科理念的小学道德与法治课项目式学习的教学理念强调建立与理科学科的知识联系。通过与生物学、物理学和化学的融合，学生能够全面理解和应用道德与法治知识，培养综合学习的能力，促进他们的全面发展。这种综合学习的方式有助于学生形成系统性的知识结构，提高学习效果和学习动力。通过项目式学习，学生可以运用科学方法和原理，分析道德与法治问题的科学依据，培养科学思维和实践能力。

综上所述，基于跨学科理念的小学道德与法治课项目式学习的教学理念强调建立不同学科的知识联系。通过与社会科学、文科类学科和理科类学科的融合，学生能够全面理解和应用道德与法治知识，培养综合学习的能力，促进他们的全面发展。这种综合学习的方式有助于学生形成系统性的知识结构，提高学习效果和学习动力。

三、提升学生学习的积极性

基于跨学科理念的小学道德与法治课项目式学习的教学理念旨在提升学生学习的积极性，激发他们的学习动力和兴趣。通过项目式学习，可以从以下几个方面来促进学生的积极参与和学习。

首先，项目式学习注重学生的主动参与。学生在项目中扮演着实践者和决策者的角色，他们需要积极主动地探索问题、寻找解决方案，并参与到实际的项目实施中。这种参与方式激发了学生的学习兴趣和求知欲，使他们更加主动地投身于学习过程中。

其次，项目式学习提供了实际情境和真实问题。学生在项目中面对的是真实的问题和情境，需要运用所学的道德与法治知识来解决实际的挑战。这种实践性的学习方式激发了学生的学习动力，他们能够看到学习的实际应用和意义，更加愿意主动地投入学习中。

再次，项目式学习鼓励学生的合作与交流。在项目中，学生通常需要与同学们一起合作，共同解决问题和完成任务。这种合作与交流的过程激发了学生的学习兴趣，他们能够相互借鉴、协作，共同进步。同时，学生在合作中也能够培养团队合作和沟通交流的能力，提升学习的积极性。

最后，项目式学习注重学生的自主学习和自我管理能力的培养。学生在项目中需要自主地制定学习计划、安排时间、展开调查研究等，这培养了他们的自主学习能力和自我管理能力。学生通过自主学习获得成就感和满足感，进而激发学习的积极性和主动性。

总之，基于跨学科理念的小学道德与法治课项目式学习的教学理念，通过学生的主动参与、实际情境、合作交流和自主学习的方式，提升了学生学习的积极性。

第五节　基于跨学科理念的小学道德与法治课项目式学习的教学效果

一、营造良好的学习环境

基于跨学科理念的小学道德与法治课项目式学习的教学策略注重营造良好的学习环境，为学生提供一个积极、互动和支持性的学习氛围。通过创造这样的学习环境，可以激发学生的学习兴趣和主动性，促进他们的全面发展。首先，营造积极的学习氛围是关键。教师可以通过激发学生的好奇心和求知欲，鼓励他们积极参与课堂讨论和活动。教师可以提供正面的反馈和鼓励，让学生感受到自己的成长和进步，从而增强学习的积极性。

其次，设计互动的学习活动是重要的。教师可以设计各种互动性的学习活动，如小组合作、模拟情境、案例分析等，让学生在合作和交流中互相学习和借鉴。同时，教师可以鼓励学生提出问题、分享观点，并引导他们进行深入的思考和探究，从而培养学生的深入探索思维和创造性思维。

再次，营造支持性的学习环境也是关键。教师可以关注每个学生的学习需求和兴趣，提供个性化的学习支持。教师可以鼓励学生互相帮助和支持，建立和谐的学习氛围。同时，教师还可以提供资源和工具，帮助学生更好地展开项目学习，从而增强学生的学习动力和自信心。

最后，创造秩序和安全的学习环境也是必要的。教师可以制定明确的学习规则和纪律，让学生知道在学习中应该遵守的行为准则。同时，教师还应确保学习环境的安全和舒适，为学生提供一个良好的学习环境。

二、提升学生的探索实践能力

基于跨学科理念的小学道德与法治课项目式学习的教学策略注重提升学生的探索实践能力，培养他们主动探索和实践的能力。通过项目式学习，学生有机会参与真实情境的探索和实践，从而提高他们的解决问题能力和创新思维。

首先，项目式学习鼓励学生主动提出问题并进行探索。学生在项目中面临具体问题和挑战，需要通过调查研究、实地观察、访谈等方式来获取信息和解决问题。这种主动探索的过程激发了学生的好奇心和求知欲，培养了他们主动获取知识和信息的能力。

其次，项目式学习提供了实践的机会。学生通过实际的实践活动，如模拟法庭、社区服务等，将所学的道德与法治知识应用到实际情境中。这种实践的过程帮助学生理解和体验道德与法治的原则和价值，培养他们的实践能力和解决问题的能力。

再次，项目式学习鼓励学生的创新思维。学生在项目中需要提出创新的解决方案，通过思考和合作来解决问题。这种创新思维的培养激发了学生的创造力和想象力，培养了他们解决问题的能力和创新能力。

最后，项目式学习注重学生的反思和总结。学生在项目结束后，可以对自己的学习和实践进行反思和总结，从中获取经验和教训。这种反思和总结的过程帮助学生提高自我认知和自我调节的能力，促进他们的成长和发展。

总之，基于跨学科理念的小学道德与法治课项目式学习的教学策略，通过提供探索实践的机会，培养学生的主动探索和实践能力。这种学习方式能够激发学生的好奇心和求知欲，提高他们的解决问题能力和创新思维，促进他们探索能力的发展。

三、开发跨学科的课程内容

基于跨学科理念的小学道德与法治课项目式学习的教学策略强调开发跨学科的课程内容，将道德与法治知识与其他学科的知识相融合，提供综合性的学习体验。通过跨学科的课程设计，可以促进学生的综合思考和跨学科的学习能力提升。

首先，跨学科的课程内容可以与语文学科相结合。通过阅读文学作品，学生可以深入了解道德与法治的价值观和伦理道德的冲突。同时，学生也可以通过文学作品中的法律问题进行思考和讨论，培养对法律的理解和运用能力。

其次，跨学科的课程内容可以与社会科学学科相结合。学生可以通过研究社会问题和社会现象，了解道德与法治与社会的关系。例如，通过研究社会公正和平等的概念，学生可以深入理解法治的重要性和社会的发展。

再次，跨学科的课程内容可以与历史学科相结合。学生可以通过研究历史事件和法律制度的演变，了解道德与法治的发展和变迁。通过了解历史上的道德冲突和法律改革，学生可以对现代社会的道德与法治有更深入的认识。

最后，跨学科的课程内容可以与艺术学科相结合。学生可以通过艺术作品的创作和欣赏，表达自己的价值观和道德观念。艺术作品可以激发学生的情感和想象力，培养他们对道德与法治的审美意识和艺术表达能力。

总之，基于跨学科理念的小学道德与法治课项目式学习的教学策略，通过开发跨学科的课程内容，将道德与法治知识与其他学科的知识相融合，提供综合性的学习体验。这种跨学科的学习方式能够促进学生的综合思考和跨学科的学习能力。

四、提升了学习的趣味性

基于跨学科理念的小学道德与法治课项目式学习，是一种以学生为中心，教师为引导者，以项目为载体，整合各学科知识，通过实践活动实现教育目标的学习方式。这种方式能够有效增强学习的趣味性，具体表现在以下几个方面。

一是增加了学习的实践性。项目式学习通常需要学生自己动手，参与实践，这种亲身参与的学习方式，比单纯的理论学习更能吸引学生的兴趣。

二是提高了学习的参与度。在项目式学习中，学生不再是被动接受知识的对象，而是成了主动探索的主体。他们需要自己去发现问题，解决问题，这种主动参与的学习方式，能够极大地提高学生的学习兴趣。

三是提升了学习的深度。项目式学习通过整合各学科知识，让学生在学习过程中，能够从多个角度，多个层面去理解和掌握知识，这种深度学习，不仅能够提高学生的学习效果，也能够提高学生的学习兴趣。

四是强化了学习的应用性。项目式学习强调的是知识的应用，而不仅仅是知识的掌握。通过项目式学习，学生可以将所学的道德和法治知识应用到实际生活中，这种将知识与生活紧密联系的学习方式，能够提高学生的学习兴趣。

五是培养了学生的团队合作能力。在项目式学习中，学生往往需要以团队的形式进行学习，这不仅能够培养学生的团队合作能力，也能够增加学习的趣味性。

总的来说，基于跨学科理念的小学道德与法治课项目式学习，通过其实践性、参与度、深度、应用性和团队合作，能够有效增强学习的趣味性，提高学生的学习兴趣和学习效果。

五、有效达成教学目标

基于跨学科理念的小学道德与法治课项目式学习是一种综合性的教学方法，旨在通过整合多个学科的知识和技能，帮助学生全面理解和应用道德与法治的概念，以达到教学目标。以下是详细论述跨学科教学方式如何有效达成教学目标的几个方面。

一是能提供综合性的知识。跨学科理念的小学道德与法治课项目式学习将不同学科的知识有机地结合在一起，使学生能够全面理解道德与法治的概念。例如，在道德与法治课中，可以涉及语文、社会、历史等学科的知识，通过综合性的学习，学生能够更好地理解道德与法治的内涵和重要性。

二是能培养综合性的技能。跨学科理念的小学道德与法治课项目式学习注重培养学生的综合性技能，例如深入探索思维、解决问题能力和团队合作能力等。通过项目式学习、讨论和实践活动，学生能够主动参与，发展并应用这些综合性技能，从而更好地达到教学目标。

三是能培养跨学科思维。跨学科理念的小学道德与法治课项目式学习鼓励学生进行跨学科思维，即将不同学科的知识和概念进行整合和应用。这种思维方式能够帮助学生更好地理解道德与法治的复杂性，并能够将所学知识应用到实际生活中，培养学生的综合素养。

四是能提供实践机会。跨学科理念的小学道德与法治课项目式学习注重实践，通过项目、案例分析、模拟情境等活动，让学生亲身参与，实践道德与法治的原则和价值观。这种实践机会能够帮助学生更好地理解和应用所学知识，达到教学目标。

总之，小学道德与法治课的跨学科教学方式通过整合多学科知识、培养综合性技能、发展跨学科思维和提供实践机会等方面的努力，能够有效地达成教学目标，帮助学生全面理解和应用道德与法治的概念和原则。

六、提升了学习的主动性

基于跨学科理念的小学道德与法治课项目式学习可以有效地提升学生的主动性，从而更好地达到教学目标。以下是详细论述跨学科教学方式如何实现这一目标的几个方面。

一是引发学生的兴趣。跨学科理念的小学道德与法治课项目式学习注重通过多样化的教学资源和活动激发学生的学习兴趣。例如，可以利用多媒体教具、实地考察、模拟情境等方式，让学生在实践中亲身体验道德与法治的重要性和实际应用，从而激发他们的学习兴趣。

二是提供学习的选择权。跨学科理念的小学道德与法治课项目式学习鼓励学生参与学习内容的选择和组织。通过给予学生一定的自主权，让他们根据自身兴趣和需求选择学习的主题、方法和资源，能够增强学生的主动性和自主学习能力。

三是培养学生的合作精神。跨学科理念的小学道德与法治课项目式学习强调学生之间的合作与协作。通过项目式学习、小组讨论和团队合作等活动，学生能够相互交流、合作解决问题，培养他们的合作精神和团队意识，激发他们的主动性。

四是提供反馈和评价机制。跨学科理念的小学道德与法治课项目式学习重视及时的反馈和评价。教师可以通过个别指导、小组讨论、作品展示等方式，及时给予学生反馈，帮助他们认识自身的学习进展和不足之处，激发他们主动地寻求进步和改进。

通过以上方式，跨学科教学方式能够有效提升学生的主动性，使他们更加积极主动地参与道德与法治课的学习，从而达到教学目标。

第六节　基于跨学科理念的小学道德与法治课项目式学习的实施策略

一、模拟创设教学情境

首先，创设真实情境。教师可以通过模拟真实的社会情境来激发学生的学习兴趣和参与度。例如，可以组织模拟法庭活动，让学生扮演法官、律师、证人等角色，通过模拟情境的方式体验法律程序和法律决策的过程。

其次，设计案例研究。教师可以设计具体的案例，让学生分析和解决其中的道德和法治问题。通过案例研究，学生可以运用所学的道德与法治知识，思考和讨论不同的解决方案，并理解其中的道德和法律原则。

再次，进行模拟辩论。教师可以组织模拟辩论活动，让学生分成不同的团队，就某个道德或法治问题展开辩论。学生需要通过查找资料、分析论据、提出观点等，锻炼辩论和论证能力，同时加深对道德和法治问题的理解。

最后，实地考察和观察。教师可以组织学生进行实地考察和观察，以了解社会中的道德和法治现象。例如，可以参观法院、警察局、社区服务机构等，学生可以与相关人员交流，了解他们的工作和责任，进一步认识道德和法治的重要性。

总之，通过以上的模拟创设情境策略，学生能够在实际情境中体验和应用道德与法治知识，提升他们的学习兴趣和参与度，同时培养他们的实践能力和社会责任感。

二、开展形式多样的教学活动

首先，组织辩论活动。组织学生进行辩论活动，让他们就某个道德或法治问题展开辩论。学生可以分成不同的团队，分别代表不同的立场，通过辩论的过程，培养他们的逻辑思维、辩论技巧和合作能力。

其次，开展演讲比赛。组织学生参加道德与法治相关的演讲比赛。学生可以选择自己感兴趣的主题，通过演讲的方式表达自己的观点和理解。这种活动可以提高学生的口头表达能力、自信心和批判思维能力。

再次，开展社交媒体宣传活动。引导学生运用社交媒体平台，以小组或个人的形式开展道德与法治相关的宣传活动。学生可以设计海报、制作短视频、撰写博客等形式，传播相关的道德价值观和法治知识，增强学生的创新能力和媒体素养。

最后，在活动的过程中使用多媒体设备展示。鼓励学生运用多媒体技术，制作道德与法治相关的展示作品。学生可以使用幻灯片、视频、音频等形式，呈现他们对道德与法治的理解和应用。这种活动可以培养学生的信息素养、视觉表达能力和团队合作能力。

总之，通过开展形式多样的教学活动，学生可以在实践中运用道德与法治知识，提升他们的学习兴趣、实践能力和创新思维。这样的教学策略可以激发学生的积极性，使他们更加深入地理解和应用道德与法治的原则与价值。

三、让学生参与志愿者项目

小学道德与法治课的跨学科融合项目式教学可以通过让学生参与志愿者活动来提升他们的社会责任感和公民意识。

首先，指导学生选择志愿者活动。教师可以引导学生选择适合他们年龄和兴趣的志愿者活动，这可以包括参与社区清洁、关爱老人、帮助弱势群体等活动。学生可以在实践中体验到对他人的帮助和影响，从而培养对社会的责任感。

其次，活动后组织反思和讨论。在学生参与志愿者活动后，教师可以组织反思和讨论的环节。学生可以分享他们的体验和感受，讨论他们如何通过自己的行动对他人和社会产生积极影响。这样的讨论可以加深学生对社会责任的理解和认识。

再次，根据活动内容提供引导和反馈。教师在学生参与志愿者活动期间可以提供必要的引导和反馈。他们可以与学生一起制定活动目标，帮助学生规划行动方案，并在活动结束后给予学生积极的反馈和评价。这样的指导和反馈有助于学生更好地理解和体验公民义务和责任。

总之，通过参与志愿者活动，学生不仅可以体验到对他人的帮助和成就感，还能够培养出对社会的责任感和公民意识。这种实践性的教学方式可以使道德与法治课的内容更加贴近学生的生活，激发他们的学习兴趣和参与度，提升他们作为公民的义务与责任感。

四、让学生自主设计项目成果汇报

小学道德与法治课的跨学科融合项目式教学可以通过让学生自主设计项目成果汇报来提升他们的学习动力和创造力。

首先，让学生自主选择项目形式。教师可以给学生提供多种项目成果汇报的形式，如口头报告、展示板、多媒体展示、小剧场表演等。学生可以根据自己的兴趣和能力自主选择适合自己的项目形式，从而激发他们的主动性和创造力。

其次，教师在学生完成汇报的同时提供项目成果汇报的指导和支持。教师在学生自主设计项目成果汇报的过程中，可以提供必要的指导和支持。例如，教师可以给学生提供展示技巧和设计原则的指导，帮助他们组织思路和展示内容。同时，教师也可以提供必要的资源和材料支持，以确保学生能够顺利完成项目成果汇报。

最后，评价和分享项目成果。在学生完成项目成果汇报后，教师可以组织评价和分享的环节。学生可以相互评价和分享自己的成果，从中获得反馈和启发。这样的活动可以促进学生之间的合作与交流，同时也提供了展示成果的机会，增强学生的自信心和表达能力。总之，通过让学生自主设计项目成果汇报，他们不仅能够展示所学知识和技能，还能够培养自主学习、创造思维和团队合作等能力。

五、本章小结

本章介绍了基于跨学科理念的小学道德与法治课项目式学习的必要性，以及相应的教学理念和教学策略。通过这种教学方式，可以实现以下几个方面的目标。

首先，项目式学习可以提升学生的核心素养。通过跨学科的学习，学生能够综合运用各学科的知识和技能，培养批判思维、创新能力和解决问题的能力，从而全面提升他们的核心素养。小学道德与法治课的跨学科融合项目式教学方式能够有效提升学生的核心素养。一是综合运用多学科知识。跨学科融合项目式教学将道德与法治的内容与其他学科进行有机融合，例如语文、社会、科学等。学生在项目中需要综合运用不同学科的知识，培养跨学科思维和综合分析能力，从而提升他们的核心素养。二是培养批判思维与创新能力。项目式教学鼓励学生主动思考和质疑，培养他们的批判思维能力。学生在项目中需要面对实际问题，提出解决方案，并进行创新性的思考和实践。这种过程能够激发学生的创造力和创新能力，提升他们的核心素养。三是解决实际问题与社会参与。项目式教学注重将道德与法治的知识与实际问题相结合，让学生在项目中面对真实的社会问题。通过参与解决问题的过程，学生能够培养解决问题的能力、团队合作能力和社会参与意识，提升他们的核心素养。四是培养价值观与社会责任感。跨学科融合项目式教学注重培养学生的价值观和社会责任感。学生在项目中需要思考和讨论道德与法治问题，从中汲取正确的价值观，培养对社会的责任感和担当精神，进一步提升他们的核心素养。总之，小学道德与法治课的跨学科融合项目式教学方式通过综合运用多学科知识、培养批判思维与创新能力、解决实际问题与社会参与，以及培养价值观与社会责任感等方面的实践，有效提升学生的核心素养。

其次，项目式学习可以提升教学效果。通过将道德与法治的知识与实际问题相结合，学生能够更深入地理解和应用所学知识，提高学习的有效性和实效性。小学道德与法治课的跨学科融合项目式教学方式能够有效提升教学效果。一是通过跨学科的融合，项目式教学能够使学生在探究和解决实际问题的过程中综合运用各学科的知识和技能，促进知识的联结和应用。这种综合性的学习方式可以帮助学生更好地理解和掌握道德与法治的概念，提高学习的深度和广度。二是项目式教学注重学生的主动参与和合作学习，培养学生的自主学习能力和团队合作精神。学生在项目中需要主动调查、研究、分析问题，并与同学合作解决问题。这种学习方式激发了学生的学习兴趣和积极性，提高了他们的学习动力和参与度，从而增强了教学效果。三是项目式教学还强调实践和应用能力的培养。学生在项目中需要进行实际操作、实践活动和实地考察，将所学的道德与法治知识应用到实际情境中。通过这种实践与应用，学生能够更加深入地理解和体验道德与法治的重要性和实际意义，从而提高教学的实效性和可持续性。总之，小学道德与法治课的跨学科融合项目式教学方式通过综合运用多学科知识、培养学生的自主学习能力和团队合作精神，以及强调实践与应用能力的培养，能够有效提升教学效果。

再次，项目式学习可以提升学生的实践与应用能力。学生在项目中需要主动参与实践活动，通过实际操作和实践经验，提升他们的实践能力和应用能力，使所学知识能够真正转化为行动。小学道德与法治课的跨学科融合项目式教学方式能够有效提升学生的实践与应用能力。通过项目式教学，学生不仅仅是被动接受知识，而是在教学过程中亲身体验知识，在项目中，学生需要运用所学的道德与法治知识，分析和解决具体问题，提出合理的解决方案。这种实践性的学习过程使学生能够将抽象的概念与实际情境相结合，培养他们的实践能力。此外，项目式教学还鼓励学生将所学的道德与法治知识应用到现实生活中，培养他们的应用能力。通过与社区、家庭或社会相关的项目，学生能够理解道德与法治在日常生活中的重要性，并学会如何运用这些知识来解决实际问题。例如，学生可以参与社区服务项目，了解社会问题并提出改进方案，从而培养他们的社会责任感和实践能力。总之，小学道德与法治课的跨学科融合项目式教学方式通过实践和应用的学习环境，能够有效提升学生的实践与应用能力。这种学习方式使学生能够在实际情境中运用所学的知识，培养他们解决问题和应对挑战的能力，为他们未来的生活和社会参与打下坚实基础。

最后，项目式学习还能培养学生的社会责任感。在项目式教学中，学生需要关注社会问题，思考解决方案，并积极参与社会实践活动，从而培养他们的社会责任感和公民意识。跨学科的融合项目式教学方式在小学道德与法治课中尤其重要，能够有效培养学生的社会责任感。在每个学科中，学生都需要了解社会问题和挑战，并将其应用于实际情境中。学生需要与同学合作，探讨社会问题的解决方案，并积极参与社区服务和公益活动。这种教学方式可以帮助学生意识到自己作为社会成员的责任和义务。学生不仅需要关注具体的道德与法治理论知识，还需要关注实际的社会问题，如环境保护、公平正义、人权等。在跨学科的融合项目式教学中，通过深入研究和讨论这些问题，学生能够增强对社会问题的认识和理解。此外，跨学科的融合项目式教学还注重学生的实践参与。在项目中，学生需要参与社区服务、公益活动等实际社会实践活动，亲身体验社会问题和挑战。这种实践参与可以让学生更加深入地理解社会问题，并培养解决实际问题的能力。通过实践参与，学生还能够学会与他人合作、交流和协商，提高团队协作和沟通能力。总之，小学道德与法治课的跨学科融合项目式教学方式通过实践和参与，能够有效培养学生的社会责任感。这种教学方式可以让学生意识到自己作为社会成员的责任和义务，并愿意为社会的发展和改善作出贡献。同时，跨学科的融合项目式教学还能够培养学生的团队协作和沟通能力，提高他们的社会实践能力和综合素质。

在教学理念方面，基于跨学科理念的小学道德与法治课项目式学习注重明确教学目标，这些目标不仅包括学生对道德与法治知识的理解和掌握，还涉及实践能力、深入探索思维和主流价值观的培养。通过设定这些目标，教师可以有针对性地设计教学活动，同时帮助学生明确学习方向，激发他们的学习动力。教学理念强调与不同学科建立联系，通过跨学科的项目式学习，学生能够全面理解道德与法治知识，并将其应用于实际情境中。这包括与社会科学、文科类学科（如语文、历史、文学）及理科学科（如生物、物理、化学）的融合，以促进学生的综合学习和全面发展。此外，提升学生学习的积极性是教学理念的另一核心。项目式学习通过主动参与、实际情境、合作交流和自主学习，激发学生的学习兴趣和求知欲。同时，良好的学习环境的营造也是关键，包括积极的学习氛围、互动学习活动、个性化学习支持和秩序安全的学习环境。项目式学习还注重提升学生的探索实践能力，通过鼓励学生主动提出问题、提供实践机会、鼓励创新思维和注重反思总结，培养学生的解决问题能力和创新能力。跨学科的课程内容的开发，将道德与法治知识与其他学科知识相融合，提供综合性的学习体验，促进学生的综合思考和跨学科的学习能力。最后，为了有效达成教学目标并提升学习的主动性，项目式学习采用多样化的教学资源和活动，提供学习选择权，培养合作精神，并实施及时的反馈和评价机制。这些策略不仅增强了学习的趣味性，还促进了学生自主学习能力的提升，为学生的全面发展和终身学习奠定了基础。

在教学效果方面，基于跨学科理念的小学道德与法治课项目式学习的教学效果体现在多个方面，旨在全面促进学生的能力发展和个人成长。首先，这种教学模式通过营造积极的学习氛围、设计互动学习活动、提供个性化学习支持以及创造秩序和安全的学习环境，有效提升了学生的学习积极性。学生在这种环境中能够感受到自己的成长和进步，从而增强学习的动力和自信心。其次，项目式学习注重提升学生的探索实践能力，鼓励他们主动提出问题并进行探索。通过实践活动，学生能够将所学知识应用于具体情境中，提高解决问题能力和创新思维。这种学习方式激发了学生的好奇心和求知欲，培养了他们主动获取知识和信息的能力。此外，跨学科的课程内容开发是项目式学习的重要组成部分。通过将道德与法治知识与其他学科知识相融合，学生能够在更广阔的知识背景下理解和应用道德与法治概念，促进了他们的综合思考和跨学科学习能力。项目式学习还显著提升了学习的趣味性，通过增加实践性、提高参与度、加深学习深度、强化应用性以及培养团队合作能力，有效提高了学生的学习兴趣和学习效果。在达成教学目标方面，跨学科项目式学习通过提供综合性知识、培养综合性技能、发展跨学科思维和提供实践机会，使学生能够全面理解道德与法治的概念和原则，从而有效实现教学目标。最后，项目式学习提升了学生的学习主动性。通过引发兴趣、提供学习选择权、培养合作精神以及提供反馈和评价机制，学生能够更加积极主动地参与学习，增强自主学习能力。

在教学策略方面，基于跨学科理念的小学道德与法治课项目式学习采用了一系列创新的教学策略，旨在提升学生的学习体验和综合能力。这些策略首先强调营造积极的学习环境，通过模拟真实社会情境，如模拟法庭和社区服务，激发学生的学习兴趣和参与度。同时，教师设计互动性强的学习活动，如小组合作和案例分析，鼓励学生提出问题并分享观点，促进学生的深入思考和探究。其次，教学策略着重于提升学生的探索实践能力，鼓励他们主动提出问题，并通过实践活动将知识应用于真实情境中。项目式学习还鼓励学生进行创新思维，通过团队合作解决实际问题，培养他们的团队精神和协作能力。此外，跨学科课程内容的开发是教学策略的重要组成部分。通过将道德与法治知识与其他学科知识相结合，如语文、社会科学、历史和艺术，为学生提供综合性的学习体验，促进了他们的综合思考和跨学科学习能力。为了增强学习的趣味性，项目式学习强调实践性、参与度、深度、应用性和团队合作，使学生在发现问题和解决问题的过程中体验到学习的乐趣。这种以学生为中心的教学方式，通过提供多样化的学习资源和活动，有效提升了学生的学习主动性。最后，教学策略通过整合多学科知识、培养综合性技能、发展跨学科思维和提供实践机会，有效达成了教学目标。教师提供的及时反馈和评价机制，进一步激发了学生主动地寻求进步和改进，确保了教学效果的最大化。总之，基于跨学科理念的小学道德与法治课项目式学习的教学策略，通过综合性和多元化的方法，不仅提升了学生的学习体验，还促进了学生在知识掌握、技能培养、思维发展和社会实践等方面的全面发展。

第六章　小学道德与法治课项目式学习的作业设计

作业设计体系有宏观和微观之分，微观作业的设计体系指的是基于教材的作业设计，通常作业由该学科教师根据教学目标设计的不同类型的作业构成。宏观的作业设计体系由整个学科的不同类型来源的作业共同构成，而不仅仅是单一学科教师的自主设计。作业设计体系通常与教学体系相辅相成，在课改中扮演着重要角色，近年来随着国家“双减”政策的提出，尽管作业的总量减少了，但由于作业的难度没有降低，作业设计得较为枯燥乏味，学生还是需要花大量时间在作业上，因此作业负担较重的情况仍有发生，总的原因还是作业设计体系与教学设计体系等共同构成了庞大的教学体系。为了更好落实国家提出的“减负增效”，对作业设计进行优化，项目式学习作为一种创新的教学方法，有助于培养学生的综合能力。通过项目式学习，学生可以参与真实的解决问题过程，在作业设计上有效利用项目式学习的教学理念进行优化，从而强化其合作能力、探究精神和创新思维，培养他们的道德、法治意识和价值观念。

第一节　小学道德与法治课项目式学习作业设计的必要性

小学道德与法治课项目式学习作业设计的必要性体现在有利于培养学生的核心素养、丰富作业内容、提升教师专业知识和落实教学目标。这种学习方式不仅有助于学生的发展，也能够提升教师的教学效果，为培养拥有社会主义核心价值观和法治素质的小学生提供更好的教育环境。

首先，项目式学习有利于培养学生的核心素养。在项目式学习中，项目式作业设计以实际情境为背景，通过引导学生完成具有挑战性的任务，促进他们全面发展。这种作业形式不仅可以培养学生的知识技能，还注重学生的情感、态度和价值观的培养，有助于提升学生的核心素养。作业是检验学生是否掌握课堂知识，是否拥有创新实践思维的重要标准，然而由于现在学校下达的完成升学率或其他量化指标的影响，道德与法治教师在布置作业时过于注重理论知识的掌握，而忽略了学生的探究精神和实践能力的培养，这种类型的作业长此以往逐渐削弱了学生的学习兴趣。根据新课标要求，小学道德与法治教师需要以培养学生的核心素养为目的，学生需要主动参与、合作探究、解决问题，并在实践中融合道德与法治知识。对小学道德与法治课作业设计进行优化，增加作业形式和内容的创新性，并以此提高学生对道德与法治的学习兴趣，并且通过作业培养了学生的创新思维、解决问题的能力、沟通合作的能力和自主学习的能力，提高了学生的综合素质，从而促使其积极主动的完成作业，也有利于帮助学生缓解过重的学习压力，真正实现培养学生核心素养的教学目标。

其次，传统的作业形式往往只注重知识的记忆和理解，而项目式作业设计则将知识点与实际生活相结合，让学生在完成作业的过程中，了解知识的应用价值，丰富作业内容，增加学习的趣味性。为了有效实现新课标的课程内容，鼓励学生积极开展各项探究活动，从而形成对社会的正确认知，并符合项目式学习的学习要求，这些要求为小学道德与法治的作业设计指明了方向，道德与法治学科的理论性较强，较为枯燥，传统的作业设计经常让学生做大量习题，背诵大段的教材知识，大大加重了学生课业压力，如此机械的重复很容易造成学生的厌学情绪。项目式作业设计可以充分利用学科知识与实践结合，设计丰富多样的活动，因此教师要坚持以学生为中心的教学理念，并整合多种教学方式方法，让学生在实际操作中学习道德与法治知识，从而更好地理解和应用所学内容。教师在课堂上引导学生积极合作探索，引导学生在实践活动中习得知识，提高能力，完成下达的项目式任务，从而让学生形成探究精神和协作意识，帮助学生巩固知识，提高交流能力和实践能力。

再次，项目式作业设计要求教师具备跨学科的知识和技能，能够有效地引导学生解决实际问题。通过设计项目式作业，教师可以不断学习和提升自己的专业知识，提高教学质量。项目式学习可以提升教师的专业知识。在项目式学习中，教师不再是传统的知识传授者，而是学生学习的指导者和促进者，同时也是作业设计的重要主体之一。作业设计是一项困难的工作，对教师的综合能力要求极高，教师不仅需要系统全面地掌握教育的基本知识和所教学科的专业知识，还需要认真研读教材，深入剖析课标，了解上级对教学的具体要求，从而明确作业设计目标，在设计时需根据学生的实际情况和接受程度，收集和整理大量的相关信息，来进行作业内容的设计，因此教师本身的专业知识与能力素质在作业设计优化中占重要的组成部分，在作业设计中起着重要的主导作用。对作业设计进行优化有助于教师及时更新作业的设计理念，也有助于提升教师自身的专业知识，加深对教材的理解以及对学情的掌握。在项目式作业的布置过程中，还能够增加师生互动、沟通和合作的机会，在作业布置以后对结果及时进行总结和反馈，吸取经验，不但能够对作业设计的结果进行检验，也能够对接下来作业设计进行适合的改进。通过项目式学习作业的优化，教师可以提升自己的专业素养，不断更新教学方法和教学资源，提高教学质量，从而推动学生的健康发展，提升其知识掌握程度。

最后，项目式作业设计以实际情境为背景，让学生在完成作业的过程中，深入理解知识，掌握技能，培养情感态度和价值观。这种作业形式有助于落实教学目标，实现教学效果的最大化。项目式学习有助于落实教学目标，小学道德与法治课项目式学习作业设计的必要性体现在有利于培养学生的核心素养、丰富作业内容、提升教师专业知识和落实教学目标，小学道德与法治课程的核心目标是培养学生的道德认知、道德情感和道德行为，以及法治意识与法治能力。基于项目式学习的作业体系优化可以让学生在实际情境中体验，通过参与真实的项目活动，培养学生的道德观念和法律意识，加深他们对道德和法治的理解和认同，也能够提升教师的教学效果，为培养社会主义核心价值观提供更好的教育环境。

总之，小学道德与法治课项目式学习作业设计的必要性体现在多个方面，不仅有助于学生的发展，还能够提升教师的教学效果，为培养拥有社会主义核心价值观和法治素质的小学生提供更好的教育环境。

第二节　目前小学道德与法治课项目式学习作业设计存在的问题

一、教师的重视度不足

在日常小学道德与法治课教学中，教师更多关注的是项目式学习中课程的设计，例如新课导入方式，教学情境的创设课件的制作等，但却忽视了作业设计这一环节，在这个环节教师往往只是沿用以往的思路，让学生背诵知识点，做同步练习等，很少考虑丰富作业的形式和内容，甚至加入新的作业设计主体，导致他们对作业设计的投入不够，可能只是简单地将传统的作业形式进行改编，而没有真正利用项目式学习的优势。在这个环节学生只是被动完成作业的客体，教师是作业设计绝对的主体，与项目式学习以学生为主体的教学理念不符合。同时，教师忽视作业设计的行为也会影响与学生之间的沟通和交流，影响教师对学生的理解，从而影响到项目式学习的学生分组步骤。作业形式的单一也会影响教师对教学资源的有效开发，从而限制了教学项目的设计，缺乏了学生参与的项目式学习最终直接影响到整个项目式学习的结果，对教师本人的专业知识的提升也没有帮助。教师在作业设计时没有考虑学生潜力、体现学生个性，最终使道德与法治课的教学方式单一，学生接受性差。

二、作业设计理念陈旧

首先，许多小学教师在道德与法治课作业设计仍延续了传统的教学理念，强调以教师为中心，注重知识的灌输和记忆，简单地将作业看成是考试的练习，在设计上按照考试的题型进行设计，大部分是重复的读写型习题，只重视理论知识的吸收，忽略了学生综合素质的提升，导致作业设计的类型单一化，失去了项目式学习的实践性和探究性，学生在完成作业时只是机械进行读写背诵的过程，长此以往很不利于提高学生的沟通意识和实践能力。其次许多教师还存在作业是为了“考高分”而存在的陈旧理念，在作业的设计上只注重课上或者考试会考的知识点，但在作业的形式和内容上缺乏创新意识，这样的作业设计形式使得学生缺乏实践性的体验和互动性，限制了他们对道德与法治问题的深入理解和探索。同时学校在考核教师的教学行为时也很少注重作业的形式。这让把作业作为复习考试的知识点的行为成为作业设计类型的“主流”，让学生脱离了实践，只能通过背诵和重复读写来掌握知识，与项目式学习强调的强化实践体验，鼓励学生自行探究知识的精神相背离，不利于学生完成作业的积极性，未体现出教育教学中所要求的多样性原则，这导致项目式作业在培养学生综合能力方面的效果不佳。

三、以考试成绩为评价标准的传统观念

课程评价作为检验教学的成果、测验学生掌握知识的情况的重要手段之一，在项目式学习中发挥着关键性作用。目前，项目式学习的评价有学生在项目式学习中的表现、学生成长记录等，但多数教师与家长还是以考试成绩作为第一评价标准，这种只注重结果评价，忽视过程评价的行为，无法发挥出项目式学习注重培养学生的实际体验和思考能力的优势，也忽视了新课标中“提高学生核心素养”的教学目标。笔者调研发现，大部分小学道德与法治教师在作业的布置上还是以背诵新课知识点与完成课后练习为主，很少布置实践性的调研作业，片面强调课文中知识点的掌握，以考试的考分为最终评价，使作业布置脱离了项目式学习的连贯性，这种重结果的作业设计，不但加重了学生的作业负担，也忽略了对学生创新实践能力和学习积极性的培养，不利于教学目标的全面实现。教师只有真正了解项目式学习的教学理念，将发展性评价和过程性评价重视起来，明确作业设计真正目标，发挥以学生为主体的导向性作用，才能设计出更加贴合项目式学习的优秀作业。

四、作业设计目标功利化

受看重考试评价观念思想的影响，教师在作业设计内容的选择上，往往过于围绕试题考点展开，造成作业的内容和类型单一，内容过时、缺乏时代性，与实际学习和生活情况相脱离以及优质作业资源匮乏的现状，这种作业大多以背诵和完成习题为主，强调在不断重复中掌握知识点，对于学生来说枯燥乏味，为了保证知识掌握，这类的作业布置数量较多，耗时较长，加重了学生的课业负担，也不能很好地体现出项目式

教学活动的强化知识体验的原则，并且知识的简单重复也不能够实现对小学生政治认同、道德修养、法治观念、健全人格、责任意识的培养。另外，项目式学习有着多样性的教学特点，项目的实施都是建立在学生的实际情况上的，但许多教师在作业设计时忽视了学生的个体性，忽视了学生的掌握知识和身心发展水平的差异，也可能导致学生对初中道德与法治课作业缺乏兴趣，作业的布置只注重学生个体的完成，忽略了群体合作和协作的重要性，作业完成效率较低，不能有效发挥其应有的育人作用。

第三节　小学道德与法治课项目式学习作业设计的优化策略

一、改变作业设计理念

首先，作业设计应该遵从新课标要求，以素质教育为目的，依照教学大纲围绕教学目标展开，项目式学习的教学目标涵盖新知识点、实践能力培养、培育正确三观等方面，作业设计应该有针对性地促进学生在这些方面的发展。教师在确保教学目标导向性的同时，还应在作业的完成形式上进行创新，确保学生在完成作业过程中能够达到预期的学习效果。推崇学生主体性和探究性学习，注重培养学生的深入探索思维和解决问题的能力，在作业的形式上融入探究性学习、实践性任务等元素，使学生在实际问题中进行思考和解决。

其次，项目式学习是一种以学生为主体的教学方法，注重学生的个性化与多元化发展，因此在作业设计时需考虑学生的个体差异，明白每个学生都有知识水平、学习风格、兴趣爱好、性格特点等方面的差异，不同学生完成作业所需要的时间和完成的质量都不一样，对于学习成绩好的学生，太过简单的作业会让其感到枯燥和厌烦，对于学习成绩不好的学生，难度过高的作业会让其难以下笔，因此在布置作业时不能简单地“一刀切”，在优化作业设计时，应该考虑到学生的个体差异，分层次设计不同的作业，让作业更具针对性和个性化。可以通过作业的复杂度、扩展性、选择性等方式来满足不同学生的需求，为学习成绩低的学生布置的作业主要是为了巩固基础知识，为学习成绩好的学生布置的作业可以提供适当的挑战，充分发挥作业促进学生核心素养的载体工作。

最后，在布置作业时需考虑提升作业与生活的融合，根据项目式学习的理念，教学不仅限于课堂之上，在课外时间，作业就是课堂教学的延伸，是学习的一部分，也应该与学生的生活密切相连，在作业设计的时候，教师应该从学生生活的角度出发，从学生的个人成长、社交团体、爱好兴趣方面来设计作业，确保学生能在完成作业的过程中加深学习的体验，通过已有的知识来建构新的知识体系，提升对知识的掌握能力。优化作业设计可以通过与学生日常生活经验的连接来增加学习的实用性和可持续性。通过设计与学生身边发生的实际问题相关的作业，让学生在解决问题的过程中发挥自身的实践探索能力，学习道德和法治知识，从而达到学生政治素质、道德修养和法律意识等方面的提升。

作业设计案例：本节以小学道德与法治五年级下册“让我们的家更美好”为例，结合许多家庭的学生有弟弟妹妹的情况，进行以下作业设计。

阅读以下短文，结合自己的经历谈谈小强感受的变化：

今年4月份，家里迎来了一名新成员，小强的弟弟诞生了。

小强一开始觉得不能适应，爸爸妈妈都围绕着弟弟转，本来爸爸每天下班都会陪小强散散步，妈妈每天晚上睡前都会给小强讲讲故事。小强开始觉得越来越失落。

但是小强看到爸爸妈妈每天晚上起来帮弟弟喂奶，换尿片，第二天早上还要上班，非常辛苦，但爸爸妈妈从来没有怨言。小强觉得自己作为家庭的一员，也应该承担起家里的责任，于是小强开始帮助爸爸妈妈做家务。

本次作业布置之前班主任有事先进行调查，明白大多数家庭都有二胎或者准备生二胎，也了解到学生对自己家庭成员的到来心理产生的变化，因此从学生生活的角度出发，从学生家里增添了新成员来设计作业，确保学生能在完成作业的过程中体会到自己是家庭的一员，需要对家庭负责任的价值观。

二、优化作业设计内容

首先，确保作业设计的质量，针对上一节提出的目前小学道德与法治科目作业存在的“作业量减少，但学生负担未减少”的问题，其本质原因是作业设置的质量不高，许多教师在设置作业时还存在着作业只是用来加深记忆的陈旧理念，低质量的作业不仅加大了学生的课业负担，也降低了学生对于学习的主动性。项目式学习作业内容的设计应该具有一定的质量，既要符合教学目标，也要符合学生的心理发展需求，需具备一定的挑战性和深度。为了保证作业内容的质量，教师可以结合学生的学习进展和能力水平，开发多样化的教学资源，如图书、影视资料、新闻报道等，以丰富学生对道德和法治问题的理解和认知，通过提供多样化的学习体验，满足学生的心理需求。在实践作业的设计上，设计适合他们的任务和问题，着重突出案例、情景和材料的真实性和准确性，通过“做中学”，达到从实践活动中掌握巩固知识的目的，同时注重作业设置质量而不是数量，做到减负不减质，在帮助学生理解和掌握道德和法治知识的同时也培养学生对学习的积极主动性。

其次，分层次布置作业，传统“一刀切”式的布置作业方法是以教师为中心的教学理念，而项目式学习是一种以学生为主体的教学方法，由于小学生的道德与法治学习水平和能力存在差异，因此作业应结合学生的差异性分层次地进行布置，针对不同的层次，可以设计不同难度和挑战性的作业内容，以满足不同学生的学习需求。在层次的设计上可以设计三层：第一层是基础知识型作业，对于基础知识掌握较弱的学生的设置，内容主要包括课文中新知识点的背诵和记忆。第二层是能力拓展型作业，可以充分发挥项目式学习的优势，给学生设计一些以实践活动为主的作业，例如调查研究、发放问卷、收集资料等。第三层是任务探索型作业，教师根据课堂知识提出适当的拓展问题并布置长时间的任务，让学生组成学习小组进行探究完成。教师根据学生的作业完成情况和学习成绩，决定哪些学生应该完成哪一层次的作业，也可以鼓励学生自己提出完成某层作业的意见，但在完成作业的过程中应提供不同形式的辅助材料和指导，帮助学生克服困难，逐步提升他们的学习水平。

最后，加强作业内容开放性，在作业的设置上保持开放的原则，作业布置的目的不能只为了“考高分”，作业布置的范围也不能只限于教科书的必修内容，教师需要多参加相关培训和专业交流，提升专业能力，增强对项目式学习的认知和重视，在布置任务探索型作业时，应增加任务的开放性和探究性，激发学生的创造力和思维能力，同时引入合作学习和社会互动，通过任务的完成来促进学生之间的合作学习和社会互动，提高他们的合作能力和团队意识。在作业的布置形式上也应保持开放思维，以多种形式呈现，满足学生不同的表现方式和兴趣爱好。同时，在评价作业时也要采用多样化的评价方式，既注重结果评价，又注重过程评价，以全面了解学生的学习情况和发展轨迹。

作业设计案例：本节以小学道德与法治六年级下册“学会尊重”为例，进行以下作业设计（表6–1）。

表6–1　《学会尊重》作业设计

作业类型	内容
基础知识型作业	观看阅读网上点击量很多的网红视频《与人为善》。了解尊重自己和尊重他人的观念，明白尊重既是道德要求，也是法律要求
能力拓展型作业	写一篇作文，自我检视在日常生活和学习中有哪些不尊重别人的行为，并写出应该怎样改正
任务探索型作业	结合我国法律里中的相关条款，进行普法宣传

本次作业符合教学目标，让学生掌握了基础知识，在作业设计的形式上采取分层次设置的方式，并通过提供实践探索任务提供多样化的学习体验，满足学生的心理需求，通过任务探索型作业的设置增加任务的开放性和探究性，激发学生的创造力和思维能力，同时引入合作学习和社会互动，通过任务的完成来促进学生之间的合作学习和社会互动，提高他们的合作能力和团队意识。

三、作业设计主体多元化

首先，教师在项目式学习作业设计中扮演着关键的角色，他们的专业知识、教学经验以及创造力都会直接影响作业的质量。由于项目式教学的先进性与小学道德与法治课程的特殊性，教师除了应熟练掌握运用学科本身的知识之外，还应具备坚定的政治立场和道德水平，能够为学生以身作则成为榜样，并应充分了解项目式学习的教学理念，能够熟练地掌握各种教学工具和信息技术工具的运用。为了达到这些目标，教师需要积极更新教学观念，多参与专业培训与同行的交流研讨，了解最新的教育理论和实践，从而能够更好地应用于作业设计中，提升自己的教学水平，并深入了解道德与法治教育理论和方法，具备扎实的道德与法治教育理论知识，熟悉适合小学生的教学方法和策略，以能够针对不同的学生需求进行作业设计。

其次，加入学生与家长进行项目式学习作业设计，保证作业设计主体多元化，作业设计不应该仅仅是教师的责任，学生和家长应该参与其中，形成一个共同合作的过程。通过与学生和家长的合作，可以实现作业设计的多元化和个性化，更好地满足学生的需求。学生参与作业设计的方式可以是在作业的制定过程中，主动向教师提出意见和建议，增加学生对作业的主动性和参与度，使作业更贴近他们的兴趣和需求。家长参与作业设计的方式是，教师可以与家长进行沟通和合作，了解家庭背景和学生的特点，根据实际情况设计作业。在作业布置和反馈过程中，与家长保持密切的沟通和协作，共同关注学生的学习进展和需要。

总之，通过教师自身素质的提升以及学生和家长的参与，小学道德与法治项目式学习作业设计可以更加多元化和个性化，提高小学道德与法治课项目式学习作业设计的质量和效果，这种多元化的设计将更好地考虑到学生的特点和需求，使作业更有针对性和实效性，更能提升学生完成作业的积极主动性，推动学生各项素质的全面发展。

作业设计案例：本节以小学道德与法治五年级上册课“美丽文字 民族瑰宝”为例，进行以下作业设计。

1. 本周末在家长带领下参观省博物馆，以“照片+文字”的形式，记录古文字的信息。

2. 通过互联网或其他方式，补充记录古文字的材料。

3. 将本次的参观材料做成PPT，下周二在课上进行汇报。

本次作业对教师本身的素质有较高的要求，需要教师能够甄别学生提供材料的正确性，在作业布置之前，教师征询家长与学生的意见：组织一次与“美丽文字 民族瑰宝”相关联的活动，多数家长与同学提议以参观博物馆的形式进行，并将本次活动的内容以PPT形式汇报。这种多元化更好地考虑到学生与家长的需求，促使学生有更大的积极性完成作业，家长也有更大动力配合学生，使作业更有针对性和实效性。

四、作业设计类型多元化

根据项目式学习理念，小学道德与法治作业的设计可以朝多元化方向发展。

首先，读写巩固型作业设计，道德与法治学科的知识点较多，需要背诵和记忆的内容也较多。这类基础知识对学生的学习起着至关重要的作用，但知识较为抽象单一，如果只是单纯的背诵记忆容易让学生感觉枯燥乏味，因此为了提升学生的积极性和学习效率，应该在教学过程中以案例的形式或布置任务的形式，让学生在主动探究的过程中加深对知识的理解和记忆，在作业的布置上强调知识的应用而不是死记硬背。例如，设计相关的阅读材料，让学生阅读并理解其中的道德和法治问题，然后回答问题或写出自己的见解。或是要求学生就某个道德或法治问题进行写作，可以是议论文、感想、观点阐述等形式，鼓励他们运用所学知识进行思考和表达。巩固学生在课堂上所学的道德与法治知识，培养他们的阅读和写作能力，促进学生对道德与法治知识的深入理解，并锻炼他们的思辨和表达能力。

其次，在作业设计上引用跨学科理念，道德与法治学科知识单一枯燥，但其知识与其他学科有着密切联系，跨学科作业设计可以帮助学生深入理解这些联系，并将知识运用到实际问题中。教师在作业设计时可以与其他学科的教师沟通交流，加强知识的关联和结合和不同学科教学资源的开发利用，从而引导跳出单科课程的框架束缚，更好地发挥其思维创造力和想象力。同时，跨学科之间的交流也可以加强知识的连贯性，便于学生建构更加完善的知识体系，更加牢固地掌握各学科知识。跨学科作业设计可以提升学生的综合能力和跨学科思维能力，更好地培养他们的综合素质。

最后，进行实践探究型作业设计，项目式学习的特性决定了作业需要提升学生的实践联系，学生通过实践活动来掌握道德与法治知识的内涵，从而增加学生的政治认同、道德水平和社会责任感。这种类型的作业鼓励学生通过实践和探索，亲身体验道德与法治知识，并将其应用到实际生活中。具体作业的布置可以安排学生参与社区服务活动，让他们亲自体验如何运用道德和法治知识解决实际问题；或组织学生进行实地调研，研究某个社会问题并提出解决方案，鼓励他们考虑道德和法律的角度。实践探究性作业设计能够增强学生的实际操作能力和解决问题能力，培养他们的实践意识和创新精神。通过以实践为主题的作业设计类型，小学道德与法治项目式学习作业可以更加生动有趣、充满挑战性，激发学生的学习兴趣和参与度，提升作业的完成率和质量。

作业设计案例：本节以小学道德与法治五年级上册第7课“中华民族一家亲”为例，进行以下作业设计（表6-2）。

表6-2 《中华民族一家亲》作业设计

作业类型	内容
读写巩固型作业设计	1.阅读课外材料《56个民族》 2.完成练习册上的练习 3.背诵相关的知识点
跨学科型作业设计	1.通过调研访问的方式,体验不同民族的风俗文化 2.学会跳一段民族特色的舞蹈 3.学唱一首民族歌曲
探究型作业设计	1.利用课余时间,通过实地旅游的方式了解不同民族的民风民俗 2.从地理位置等角度探讨该民族民风民俗的产生原因

本次作业基于教学目标的角度进行作业设计。首先，阅读材料《56个民族》被选为相关阅读材料，旨在让学生通过阅读加深对我国不同民族特点和地理分布的理解。这样的设计有助于学生扩展知识，增加对多元文化的认知。例如在跨学科作业设计中，音乐课被引入作业中，以加强知识的连贯性。学生可以通过音乐课学习与民族音乐相关的知识，进一步了解不同民族的音乐风格和文化特点。这种跨学科的设计能够帮助学生建构更加完善的知识体系，促进不同学科之间的融合与联动。

实践探究性作业设计采用实地旅游的方式，让学生亲身体验不同民族的民风民俗。通过实地旅游，学生可以观察、感受和参与不同民族的传统活动，深入了解他们的生活方式、价值观和中华优秀传统文化。这样的设计鼓励学生积极思考，探究民族民风民俗产生的原因，并提升他们的实际操作能力和解决问题能力。

通过本次作业设计，学生将不仅仅在理论上了解不同民族，而是通过阅读、音乐课和实地旅游等多种方式，全方位地了解和体验民族文化。这样的综合性设计有助于培养学生的爱国主义情怀，增强他们对祖国多元文化的认同和尊重。

五、本章小结

本章以小学道德与法治课项目式学习作业设计的研究和优化为方向，以新课标和教学改革的主要思路为指导，首先详细分析的作业设计必要性：在小学道德与法治课教学中，采用项目式学习的项目式作业设计是必要的。它可以促进学生的主动性和合作性，培养他们的实践能力和解决问题的能力，使道德与法治知识更加生动有趣，符合学生的认知特点和发展需求。通过项目式作业设计，学生将参与到实际的项目任务中，积极主动地探索和学习。他们不仅仅是被动地接受知识，而是通过实践和合作，应用所学的道德与法治知识解决实际问题。这种主动参与的学习方式能够激发学生的学习兴趣，提高他们的学习动力和积极性。同时，项目式作业设计也能够培养学生的实践能力和解决问题的能力。在项目的实施过程中，学生将面临各种挑战和困难，需要运用所学的知识和技能解决问题。他们将学会分析问题、制订计划、协作合作、寻求解决方案等实践能力，这些能力对于他们未来的发展和面对社会的挑战具有重要意义。此外，项目式作业设计还能够使道德与法治知识更加生动有趣。通过项目的情境设置和任务设计，学生能够将抽象的道德与法治知识与实际情境相结合，增强学习的实用性和可感知性。这样的学习方式更符合学生的认知特点和发展需求，能够激发他们的学习兴趣和好奇心。因此，采用项目式学习作业设计在小学道德与法治课教学中具有重要的必要性。它能够促进学生的主动性和合作性，培养实践能力和解决问题的能力，使道德与法治知识更加生动有趣，符合学生的认知特点和发展需求。

其次，本章指出了目前小学道德与法治课项目式学习作业设计存在的问题：一是教师对项目式作业设计的重视度不足，缺乏有效的指导和支持。二是作业设计理念陈旧，过于注重知识的灌输，忽视学生的实际操作和实践体验。三是重考试评价观念的影响，使作业设计趋向功利化，忽视学生的全面发展。四是作业设计的目标容易陷入功利化的误区，忽视了培养学生的综合素质和创新能力。

最后，在本章的最后提出小学道德与法治课项目式学习项目式作业设计的优化策略：为了优化小学道德与法治课项目式学习项目式作业设计，在以下几个方面可以进行改进。一是改变作业设计理念，注重培养学生的实践能力和解决问题的能力，鼓励学生积极参与和合作。二是优化作业设计内容，使其更加贴近学生的兴趣和实际生活，提供有挑战性和启发性的任务。三是作业设计主体多元化，充分发挥学生和家庭的作用，在项目式作业设计中融入社区资源和专业组织的支持。四是作业设计类型多元化，包括读写巩固型作业设计、跨学科作业设计和实践探究性作业设计，通过不同类型的作业设计来激发学生的学习兴趣和参与度，促进其全面发展。

总之，通过以上的优化策略，小学道德与法治课项目式学习作业设计可以更加适应学生的需求和特点，提高学科知识的互动性和连贯性，提升作业的趣味性和真实性，激发学生的学习动力，培养学生的道德素养和法治观念，为其未来的发展奠定良好的基础。

第七章　小学道德与法治课项目式学习的学习评价

小学道德与法治课的教学评价主要涉及学生的学习态度、过程表现、学业成就等多方面。在进行项目式教学时，教师需要结合项目式学习的特点，充分发挥评价的功能，以评促教、以评促学、以评育人。教师在教学过程中需要明确教学目标。项目式学习强调学生的主动参与和实践探究，因此教师需要明确每个项目的学习目标，并将评价与这些目标相对应。评价应该关注学生在项目过程中的探究能力、解决问题能力、团队合作能力等方面的发展。同时，教师需要深化对教学评价的理解。在项目式学习中，评价不仅仅是对学生学习成果的检查，更重要的是对学生学习过程的观察和反馈。教师应该注重观察学生的学习态度、合作表现、思考能力等方面，及时给予肯定和指导，帮助学生进一步提高。最后，教师需要制定项目式学习评价的评价方法。评价方法应该多样化，既包括定性评价，如观察记录、学生自评和同伴评价，也包括定量评价，如作品展示、成绩记录等。评价方法应该与项目的性质和学生的特点相匹配，能够全面地反映学生的学习情况和成长。总之，教师在进行项目式教学时，需要明确教学目标，深化对教学评价的理解，并制定适合的评价方法。这样可以更好地促进学生的学习和发展，实现项目式学习的有效评价。

第一节　小学道德与法治课项目式学习的学习评价目标

项目式学习特点是以主题为基础，学生通过自主地、合作地解决一系列复杂问题，从而掌握和应用知识。根据新课标要求：“要对学生核心素养的综合发展状况进行评价，兼顾学生学习态度、参与学习活动的程度以及对课程内容的理解应用水平；要着重评价学生在日常生活与学习中表现出的思想政治素养、道德品行、法治观念，以及在真实情境与任务中运用所学知识分析问题、解决问题时所表现出的核心素养发展综合水平。”因此评价目标应该着眼于学生全面发展，掌握知识技能、情感态度和价值观等几个方面。通过结合项目式学习特点，小学道德与法治课学习可以从以下几个方面加以考查。

首先，项目式学习过程中，学生的表现能在一定程度上反映他们的价值观、情感态度等。教师通过观察学生在完成挑战性的目标过程中的具体表现，判断对于实现个人或团队的目标和理想的信念及追求，对于祖国、民族和文化的热爱程度，是否具有责任感和勇于承担责任的态度，以及诚实守信、友善互助、尊师重道、守法守纪等品德表现，这些道德品质能够保证学生今后为国家和社会作出贡献。

其次，学生在学习过程中表现的学习态度。学生在项目学习中参与的积极性，包括主动提问、主动寻找学习资源、主动带领团队促进合作等方面，这些方面能够让教师充分了解学生在项目学习中是否具备主动学习、自主学习和自我调控的能力。还有学生对于所学知识的运用程度，评价学生在项目学习中对于相关知识、技能和情感认知的深入和扩展程度。

最后，学生在项目式学习过程中表现的表达能力、合作能力、解决问题的能力以及对于道德与法治观念的理解和应用能力等方面，体现在对学习中完成任务的思考和对于学习成果的总结能力，以及能否在每次学习中对自己的学习过程进行反思和成长的认识。学生的表达能力是评价其项目式学习成果的重要指标之一。他们应该能够清晰、准确地表达自己的观点、想法和学习成果。这要求他们在项目中积极参与讨论、展示和演示，并能够用适当的语言和方式向他人传达自己的想法。同时合作能力也是项目式学习中不可忽视的能力。学生需要与团队成员合作，共同完成项目任务。他们应该能够有效地沟通、协调和分工合作，共同解决问题，并能够展现团队合作的精神和价值观。解决问题的能力是项目式学习的核心之一。学生应该能够独立思考，分析问题，提出解决方案，并能够在实践中应用所学的道德与法治知识和原则。他们应该能够运用逻辑思维、创造性思维和深入探索思维，解决项目中遇到的各种问题。

在项目式学习过程中，学生的反思和成长也是评价的重要方面。他们应该能够意识到自己在学习过程中的不足和进步，能够对自己的学习策略和方法进行反思，并能够根据反思的结果进行调整和改进。这种自我反思和成长的认识可以帮助学生不断提高学习效果和能力。学生的反思能力体现在他们对学习过程中的经验和教训的思考和总结上。他们应该能够回顾自己在项目中遇到的困难、挑战和成功，并从中汲取经验教训。通过反思，学生可以发现自己的学习偏好、弱点和潜力，进一步调整学习策略和方法，提高学习效果。此外，学生的成长意识也是重要的评价指标。他们应该能够认识到自己在项目学习中所取得的进步和成就，包括知识的积累、技能的提升和价值观的培养等方面。这种成长意识可以激发学生的自信心和学习动力，促使他们在未来的学习中持续努力和进步。总之，学生在项目式学习中的反思和成长能力是评价其学习成果和能力发展的重要方面。通过自我反思和成长的认识，学生可以不断完善自己的学习方法和策略，提高学习效果，并在学习中实现个人的全面发展。

综上所述，学生在项目式学习中的表达能力、合作能力、解决问题的能力以及对道德与法治观念的理解和应用能力等方面的发展，可以通过对任务的思考和学习成果的总结能力，以及对自己学习过程的反思和成长的认识来体现。这样的评价方法能够全面地了解学生的学习情况，并促进他们在道德与法治课程中的全面发展。

在项目式学习中，评价目标应当注重学生的综合素养和能力发展。评价不仅仅关注学生的学业成绩，更应关注学生的思维能力、合作能力、创新能力以及道德价值观等方面的发展。通过观察、记录、反馈等多种方式进行评估，可以全面了解学生在项目学习中的表现和成长。评价过程应鼓励学生的自主性和创造性。学生在项目学习中应该有一定的自主选择权，能够根据自己的兴趣和能力确定学习的方向和方法。评价应该关注学生的自主学习能力，包括问题提出、解决方案设计、资源获取和团队合作等方面的表现。同时，评价也应该鼓励学生的创造性思维，鼓励他们提出新颖的观点、创新的解决方案，培养他们的创新意识和创造力。评价过程还应充分关注学生的过程表现和学习成果。学生在项目学习中的探究过程、合作过程、反思过程等都是评价的重要内容。教师可以通过观察、记录学生的表现，提供及时的反馈和指导，帮助学生不断改进和成长。此外，学生的学习成果也应得到评价，包括项目成果展示、报告、作品等，以评估学生对知识的掌握程度和能力的发展情况。通过综合评价，可以提高学生的综合素质和解决问题的能力。评价过程中的反馈和指导可以帮助学生发现自身的优势和不足，进一步提升自己的能力。同时，评价也可以激发学生的学习动力，培养积极进取的学习态度和价值观念，促进学生全面发展。

第二节 小学道德与法治课项目式学习的学习评价方法

结合新课标评价建议中的评价方法内容，评价小学道德与法治课项目式学习时，可以采用多种评价方法，如观察、学生家长访谈、学生课堂表现、作业和纸笔测试等。通过结合项目式学习特点，从以下几个方面制定项目方法。

一、观察法

首先，是通过观察学生在项目中的行为和表现，可以了解他们的学习态度、协作能力、解决问题能力及道德与法治意识。观察可以在课堂上进行，也可以在项目实施过程中进行。观察时可以着重关注学生在小组完成任务的表现，包括对任务的投入程度、是否积极参与讨论和合作活动，是否主动寻找和解决问题以及学生在小组活动中的协作能力，包括沟通、合作、共享和分工等方面是否表现出色。

在课堂上，教师可以通过观察学生的参与度、注意力集中程度、对问题的思考和回答等来了解学生的学习态度和解决问题能力。同时，教师还可以观察学生在小组合作活动中的表现，包括是否能够积极参与讨论、尊重他人意见、有效沟通和协调合作。这些观察可以帮助教师了解学生的协作能力和团队合作精神。

在项目实施过程中，教师可以通过观察学生在小组中的互动和合作情况，以及他们在解决问题和完成任务时的表现来评估学生的能力。观察时可以注意学生是否能够主动提出问题、寻找解决方案，并与小组成员共同合作解决问题。同时，还可以观察学生对道德与法治观念的理解和应用，例如是否遵守规则、尊重他人权利、关心公共利益等。

通过观察学生的行为和表现，教师可以获得直观的评价信息，进而有针对性地提供反馈和指导，促进学生全面发展和培养积极进取的学习态度和价值观念。

二、作业法

作业方面，通过检查和评价学生在项目式学习中完成的任务、个人或小组报告，以及学生在汇报项目结果时的表现等，可以了解学生对道德与法治知识的理解和运用能力。这体现在学生是否能够自觉遵守道德规范和法律法规，并通过行动体现对社会和他人的关怀和尊重。

通过作业的评价，还能够反映学生在项目学习中分析问题、提出解决方案以及执行方案的能力。教师可以评估学生在作业中展示的问题分析的深度和广度，是否能够全面考虑各种因素，并提出切实可行的解决方案。此外，作业还可以展示学生在实施解决方案时的执行能力，包括计划制订、资源调配、团队协作等方面的表现。通过对作业的检查和评价，教师可以全面了解学生在道德与法治项目学习中的表现和能力发展，以便有针对性地提供指导和支持，帮助学生不断提高综合素养和解决问题的能力。

三、测试法

纸笔测试可以是评价学生对道德与法治知识掌握最直观的方式，反映了学生对相关知识的记忆和理解程度。测试题目涵盖教学大纲要求的道德与法治概念、法规法律、公民权利和义务等方面，通过测试可以评估学生在这些领域的学习情况。使用分数来衡量学习的好坏，可以提供一个直观的评价指标。不过在使用纸笔测试的评价方法时，需要综合考虑该方法的优势和局限性。纸笔测试的优势在于其客观性和标准化程度高，能够提供可比较的评价结果。它可以帮助教师了解学生对知识的掌握程度，为进一步的教学提供指导。同时，纸笔测试也可以激发学生的学习动力，促使他们对知识进行深入的学习和思考。但纸笔测试也存在一些局限性。它主要评估学生的记忆和理解能力，而对于学生的实际应用能力和道德判断能力等方面的评价相对有限。此外，纸笔测试可能存在一定的应试倾向，只强调知识的记忆和应对能力，而忽视了学生的创新思维和综合能力。因此，在使用纸笔测试进行评价时，教师应结合其他评价方法，如项目作业、小组讨论、实际案例分析等，以全面了解学生的综合能力和发展情况，确保评价结果的客观性和公正性。

四、小结

为了能够深入了解学生的各方面，我们应充分发挥项目式学习的特点，并注重学生在学习过程中的过程性和结果性评价，以培养学生的核心素养为目的，需要创新学习评价的思路和方法。在最终的成绩评定上，可以采用多元化评价的方式。除了教师的评价，还可以让其他学生和家长参与其中。其他学生可以提供对同学在项目学习中的表现的观察和评价，他们可以分享彼此的学习经验和成果，互相学习和借鉴。这样的评价方式可以促进学生之间的互动和合作，培养他们的团队合作和社交能力。家长作为学生成长过程中的重要参与者，也可以提供宝贵的观察和评价。他们可以提供学生在家庭、社交圈和其他环境中的表现情况，与学生家长进行访谈可以获取他们对学生在道德与法治项目式学习中的表现的观察和评价。家长的参与可以增加评价的全面性和客观性，同时也能够加深家校合作，共同关注学生的发展。综合以上评价方式，可以实现对学生学习成果的全面评价。通过多元化的评价方法，可以更好地了解学生在道德与法治项目学习中的表现和成长，为他们提供有针对性的反馈和指导，推动他们全面发展。

第三节　小学道德与法治课项目式学习评价教学案例

培养学生的道德与法治意识成为教育的重要任务之一，而评价学生在道德与法治学习中的成果和表现，则是实现这一目标的关键环节。通过评价，教师可以了解学生对道德与法治知识的掌握程度，以及他们在实践中运用这些知识的能力。然而，传统的评价方法往往只注重知识的记忆和理解，难以全面评估学生的道德素养和实际应用能力。因此，需要创新学习评价的思路和方法，以更好地培养学生的核心素养。下面将以小学道德与法治课五年级下册第5课“建立良好的公共秩序”为案例，探讨如何设计学习评价，从而促进学生在道德与法治领域的全面发展。通过综合运用观察、项目成果展示和口头表达等评价方法，为学生提供更具体、全面的学习评价，进一步激发他们的学习动力，培养他们的道德与法治意识，以建立良好的公共秩序为出发点，培养学生成为有责任感、有担当的公民。

一、明确评价目标

（一）情感观念

了解良好的公共秩序是人们幸福和社会稳定的基本保障，要培养学生做到自觉维护公共生活的良好秩序。在小学道德与法治课项目式学习中，情感观念是评价目标之一。情感观念指的是学生对道德与法治问题产生的情感态度、价值观念和情感反应。评价学生的情感观念可以了解他们对道德与法治问题的认知、情感投入和价值判断。评价学生情感观念的目标主要包括以下几个方面。

一是情感态度。评价学生对道德与法治问题的情感态度是评估他们道德素养的重要方面。情感态度涵盖了学生对道德与法治问题的喜爱、厌恶、兴趣、关注等方面。通过了解学生的情感态度，可以判断他们对道德与法治问题的情感投入程度，以及是否具备积极的情感态度。为了评价学生的情感态度，首先，可以观察学生的情感表达。在课堂上观察学生对道德与法治问题的情感表达，包括面部表情、语言语调、身体语言等。例如，学生是否展现出对道德行为的赞赏或厌恶的情感反应，是否表现出对法治原则的兴趣和关注。其次，参与讨论与互动。通过课堂讨论、小组活动等形式，引导学生积极参与讨论，并观察他们在交流中表现出的情感态度。例如，学生是否积极分享自己的观点和经验，是否体现出对他人观点的尊重和关注。最后，反思与写作活动。要求学生进行反思与写作活动，让他们表达对道德与法治问题的个人情感态度。通过学生的书面表达，可以更深入地了解他们对道德与法治问题的喜爱、厌恶、兴趣和关注程度。通过以上方法，我们可以更全面地评价学生对道德与法治问题的情感态度，从而促进他们在情感层面的发展和成长。

二是价值观念。评价学生对道德与法治问题的价值观念是评估他们道德素养的重要方面。价值观念涵盖了学生对公平正义、人权尊重、社会责任等价值的认同程度。通过评价学生的价值观念，我们可以了解他们对道德与法治问题的价值取向，以及是否具备正确的价值观念。为了评价学生的价值观念，可以采取问卷调查的方法，设计针对道德与法治问题的问卷调查，包括对公平正义、人权尊重、社会责任等方面的问题。通过学生的回答，可以了解他们对这些价值观念的认同程度。也可以采取讨论与辩论的方法，组织学生进行小组讨论或辩论活动，让他们就道德与法治问题的价值观念展开思考和交流。观察学生在讨论中的观点和立场，可以了解他们对不同价值观念的认同程度。还有是采取作品展示的方法，要求学生以作文、绘画、演讲等形式展示对道德与法治问题的价值观念。通过他们的作品，可以了解他们对公平正义、人权尊重、社会责任等价值的理解和认同程度。通过综合运用问卷调查、讨论与辩论以及作品展示等评价方法，我们可以更全面地了解学生对道德与法治问题的价值观念，为他们的道德素养发展提供有针对性的指导和支持。

三是情感反应。评价学生对道德与法治问题的情感反应，包括对不公正行为的愤怒、对正义行为的支持、对违法行为的谴责等。通过评价学生的情感反应，可以了解他们对道德与法治问题的情感反应能力，以及是否具备正确的情感反应。

评价学生情感观念的方法可以包括问卷调查、观察记录、小组讨论等。通过这些评价方法，我们可以全面了解学生在项目式学习中对道德与法治问题的情感观念，并及时给予指导和反馈，促进学生情感观念的积极发展。这样的评价不仅有助于了解学生对道德与法治问题的情感投入程度和态度，还能揭示他们对道德价值观念的接受程度和情感反应。通过问卷调查可以获取学生的主观感受和意见，观察记录可以观察学生在实际行动中的情感表达，小组讨论可以促进学生之间的情感交流和思想碰撞。评价结果可以为教师调整教学策略，为项目设计提供参考，帮助教师更好地满足学生的情感需求，提高学生的情感参与度和学习效果。同时，及时的指导和反馈可以引导学生形成积极的情感观念，培养他们的情感素养和道德情感，使他们在项目式学习中更加全面地发展和成长。

（二）道德品质

注重个人日常的行为举止，共同维护良好的公共秩序。在小学道德与法治课项目式学习中，评价目标之一是学生的道德品质。道德品质是指学生在道德行为和道德判断方面的素养和能力。评价学生的道德品质可以帮助了解他们对道德价值观的理解和应用能力，以及在实际生活中的道德行为表现。评价学生道德品质的目标主要包括以下几个方面。

一是道德意识。通过评价学生对道德与法治问题的情感态度、价值观念、情感反应以及道德认知和意识，教师可以全面了解他们在道德与法治领域的发展和成长情况。这些评价不仅能够帮助教师了解学生对道德与法治问题的情感投入程度和价值取向，还能揭示他们是否具备正确的情感反应和道德观念。通过观察学生的情感表达、参与讨论与互动、问卷调查、讨论与辩论、观察日常行为等评价方法，教师可以获得更具体、全面的学生学习评价。这样的评价方法有助于培养学生的道德素养和实际应用能力，促进他们在道德与法治领域的全面发展。然而，评价只是一种手段，更重要的是如何根据评价结果进行有针对性的指导和引导。通过评价的反馈，教师可以识别学生在道德与法治学习中存在的问题和不足，并有针对性地提供帮助和支持。同时，教师也需要注重培养学生的自主学习能力和道德意识，让他们能够主动思考和解决道德与法治问题。通过综合运用不同的评价方法和有效的教学策略，教师可以为学生提供更有意义、有效的学习体验，培养他们成为具有正确道德观念和积极情感态度的公民。

二是道德判断。评价学生对道德问题的判断和决策能力是培养他们道德素养的重要一环。通过对道德问题的分析、评估和抉择，学生可以提升他们的道德判断能力，并学会作出符合道德标准的决策。评价学生的道德判断和决策能力需要采用多种方法，如情境分析和伦理讨论。通过这些评价方法，我们可以观察学生在面对道德情境时的思考过程和决策依据，了解他们是否能够准确辨别道德问题，并考虑各种因素做出符合道德标准的决策。这样的评价不仅可以帮助学生发展他们的道德判断和决策能力，还能培养他们的道德意识和责任感。通过与他人进行讨论和辩论，学生可以从不同的观点和价值观中获得启发，并学会在复杂的道德情境中做出明智的决策。综上所述，评价学生对道德问题的判断和决策能力是培养他们道德素养的重要手段。这样的评价有助于学生发展道德判断能力，提升道德意识，并培养他们作出符合道德标准的决策的能力。

三是道德行为。评价学生在实际行动中的道德行为是评估他们道德素养的重要方面。道德行为包括对他人的尊重、关爱、公正和诚实等方面。通过评价学生的道德行为，我们可以了解他们在日常生活中是否能够积极践行道德价值观，以及是否能够在各种情境下保持良好的道德行为。评价学生的道德行为需要通过观察他们在实际行动中的表现来进行。道德行为主要包括以下方面：首先，尊重他人，观察学生是否尊重他人的权利、观点和身份，是否展现出礼貌、耐心和包容。其次，关爱他人，观察学生是否展现出对他人的关心和帮助，是否乐于分享和支持他人。再次，公正行为，观察学生在面对冲突和不公平情况时，是否能够客观公正地对待他人，是否遵守公平的原则和规则。最后，诚实守信，观察学生是否诚实守信，是否遵守承诺和约定，是否坦诚面对错误和责任。通过观察学生的道德行为，我们可以了解他们在实际行动中的道德表现和行为准则。这样的评价有助于培养学生的道德品格和行为习惯，促进他们在日常生活中成为道德责任感强、具有良好行为表现的个体。

评价学生道德品质的方法可以包括观察记录、案例分析、模拟情境等。通过这些评价方法，我们可以全面了解学生在项目式学习中的道德品质表现，并及时给予指导和反馈，促进学生道德品质的提升。这样的评价方法有助于观察学生在实际行动中对道德价值观的践行程度、道德决策的准确性以及对他人的关爱和尊重程度。观察记录可以观察学生在日常生活和学习中的道德行为，案例分析可以让学生思考和分析道德困境，模拟情境可以让学生身临其境地体验道德决策的过程。评价结果不仅可以为教师调整教学策略和项目设计提供参考，还可以培养学生的道德素养和道德责任感，使他们成为具有良好道德品质的社会成员。通过及时的指导和反馈，学生可以认识到自己在道德品质方面的优势和不足，并有机会改进和发展。最终，这些评价方法的应用将有助于培养学生的道德意识、价值观念和行为准则，以建设一个更加和谐和道德的社会。

（三）学习态度

在道德与法治课项目式学习中，评价目标之一是学生的学习态度。学习态度是指学生对学习内容、学习过程和学习任务的态度和情感反应。评价学生的学习态度可以帮助了解他们对学习的投入程度、学习动机和学习策略的运用情况。评价学生学习态度的目标主要包括以下几个方面。

一是学习兴趣。评价学生对道德与法治课程内容的兴趣程度是了解他们学习动力和参与度的重要指标。评价学生的学习兴趣包括对相关主题的好奇心、探索欲和主动学习的积极性。通过这样的评价，我们可以了解学生是否对道德与法治课程感到乐趣和吸引力，以及他们是否愿意主动参与学习活动。评价学生的学习兴趣可以通过观察学生在课堂上的参与程度、提问的频率和质量，以及他们对课程内容的探索和深入学习的程度来进行。同时，可以通过问卷调查或小组讨论等方式了解学生对课程的态度和兴趣程度。评价学生的学习兴趣有助于教师了解学生的需求和兴趣点，从而调整教学策略和课程设计，增强学生的参与度和学习动力。同时，激发学生对道德与法治课程的兴趣也有助于培养他们的道德意识和法治观念，使其在日常生活中能够作出明智的道德决策和遵守法律法规。

二是学习动机。评价学生学习的动机和目标是了解他们学习的动力来源和目的的重要手段。学生的学习动机可以包括内在动机，如个人兴趣和成就感，以及外在动机，如获得奖励和满足他人期望。通过评价学生的学习动机，我们可以了解他们学习的目的和动力来源，以及是否具备积极的学习动机。评价学生的学习动机可以通过观察学生的参与度、专注度和主动性来进行。同时，可以通过问卷调查、个别访谈等方式了解学生对学习的动机和目标的认知和表达。评价学生的学习动机有助于教师了解学生的学习需求和动力来源，从而有针对性地提供支持和激励。同时，培养学生积极的学习动机也是促进他们自主学习和持续发展的关键。通过激发学生的内在兴趣和成就感，以及提供适当的外在激励和奖励，可以帮助学生建立积极的学习动机，提高学习效果和成就。

三是学习策略。评价学生在学习过程中采取的学习策略和方法是了解他们学习能力和学习效果的重要途径。学生的学习策略包括学习计划制订、学习资源利用、自主学习和合作学习等方面。通过评价学生的学习策略，教师可以了解他们是否具备有效的学习方法和策略，以及是否能够灵活运用学习策略解决问题。评价学生的学习策略可以通过观察学生在学习过程中的行为和表现来进行。同时，可以通过问卷调查、学习日志等方式了解学生对学习策略的认识和运用情况。评价学生的学习策略有助于教师了解学生的学习需求和学习方法的有效性，从而提供有针对性的指导和支持。培养学生良好的学习策略和方法，能够提高他们的学习效果和学习能力，促进他们的自主学习和合作学习能力的发展。

评价学生学习态度的方法可以包括观察记录、学习日志、问卷调查等。通过这些评价方法，可以全面了解学生在项目式学习中的学习态度表现，并及时给予指导和反馈，促进学生积极的学习态度的形成和发展。观察记录可以观察学生在学习过程中的投入程度、专注度和学习态度的表现，学习日志可以让学生记录自己的学习感受和思考，问卷调查可以了解学生对学习的态度和自我评价。评价学生的学习态度也有助于教师了解学生的学习动力和学习兴趣，从而有针对性地提供支持和激励。同时，评价结果可以为教师调整教学策略和项目设计提供参考，激发学生的学习兴趣和动机，提高学习效果和学习成果的质量。通过及时的指导和反馈，学生可以认识到自己在学习中的优势和不足，进而调整学习态度和学习方法，提升学习效果。培养积极的学习态度有助于学生建立自信心、培养自主学习能力，为他们未来的学习和发展奠定坚实的基础。

（四）学习能力

在小学道德与法治课项目式学习中，评价目标之一是学生的学习能力。学习能力是指学生获取、理解、应用和评估知识的能力，以及解决问题、批判思考和创新的能力。评价学生的学习能力可以帮助了解他们在项目式学习中的学习表现和学习成果。评价学生学习能力的目标主要包括以下几个方面。

一是知识获取与理解。评价学生获取和理解道德与法治知识的能力是了解他们学习成果和知识深度的重要手段。学生的知识获取和理解能力包括对相关概念、原理和规则的掌握程度。通过评价学生的知识获取与理解能力，教师可以了解他们是否能够有效获取和理解相关知识，以及对知识的准确性和深度的理解程度。评价学生的知识获取和理解能力也可以通过观察学生在课堂上的表现、作业和考试成绩来进行。同时，可以通过问答、讨论和项目作品等方式了解学生对知识的掌握和应用情况。最后，评价学生的知识获取和理解能力有助于教师了解学生的学习成果和知识深度，从而提供有针对性的指导和支持。培养学生的知识获取和理解能力，能够提高他们的学习成果和学习能力，促进他们对道德与法治知识的全面理解和应用能力的发展。通过评价学生的知识获取和理解能力，可以帮助教师调整教学策略和教材设计，提供更有效的教学方法和资源，以促进学生对道德与法治知识的深入理解和应用。

二是解决问题与深入思考。评价学生解决问题和深入思考的能力是了解他们学习成果和思维能力的重要手段。学生的解决问题和深入思考能力包括对道德与法治问题的分析、评估和解决能力。通过评价学生的解决问题与深入思考能力，教师可以了解他们是否能够运用所学知识解决实际问题，以及是否具备深入思考和逻辑推理的能力。评价学生的解决问题和深入思考能力也可以通过观察学生在课堂上的讨论和解决问题的方式，以及作业和考试中的表现来进行。同时，可以通过案例分析、辩论和项目作品等方式了解学生对道德与法治问题的分析和评估能力。最后，评价学生的解决问题和深入思考能力有助于教师了解学生的思维能力和学习成果，从而提供有针对性的指导和支持。培养学生的解决问题和深入思考能力，能够提高他们的分析和解决问题的能力，促进他们的深入思维和逻辑推理能力的发展。这将使他们在面对道德与法治问题时能够作出明智的决策和行动。

三是创新与应用能力。评价学生创新和应用知识的能力是了解他们学习成果和创造力的重要手段。学生的创新和应用能力包括将所学知识应用于实际情境、提出新颖观点和解决方案的能力。通过评价学生的创新与应用能力，教师可以了解他们是否能够将所学知识灵活运用于实际情境，以及是否具备创造性思维和应用能力。评价学生的创新和应用能力也可以通过观察学生在课堂上的创意表达、项目作品和实践活动中的表现来进行。同时，可以通过评估学生的解决问题的方法和提出的观点和解决方案的独特性来了解他们的创新能力。最后，评价学生的创新和应用能力有助于教师了解学生的学习成果和创造力，从而提供有针对性的指导和支持。培养学生的创新和应用能力，能够激发他们的创造力和实践能力，提高他们的学习成果和解决问题的能力。

评价学生学习能力的方法可以包括项目成果评估、作品展示、实际情景模拟等。通过这些评价方法，教师可以全面了解学生在项目式学习中的学习能力表现，并及时给予指导和反馈，促进学生学习能力的提升。项目成果评估也可以评价学生在项目中所展示的学习成果和解决问题的能力，作品展示可以展示学生的创造力和表达能力，实际情景模拟可以考查学生在真实环境中应对问题和应用知识的能力。最后，通过这些评价方法，教师可以了解学生的学习能力强项和有待提升的方面，为他们提供有针对性的指导和支持。评价结果也可以为教师调整教学策略和项目设计提供参考，激发学生的学习兴趣和自主学习能力，使他们成为具有优秀学习能力的学习者。

综上所述，评价学生学习能力的方法可以帮助教师全面了解学生的学习表现和潜力，从而为他们提供个性化的学习支持，促进他们的学习能力的持续提升。通过评价学生学习能力的方法，教师可以获得学生的学习成果和能力水平的准确反馈。这样的了解可以帮助教师发现学生的潜在问题和困难，及时给予有针对性的指导和支持。例如，如果学生在某个领域表现出较强的学习能力，教师可以提供更具挑战性的学习任务，以促进他们的进一步发展。相反，如果学生在某个领域存在困难，教师可以有针对性地提供额外的辅导和资源，帮助他们克服困难。个性化的学习支持可以激发学生的学习兴趣和动力，使他们更加积极主动地参与学习。教师可以根据评价结果，调整教学策略和教学资源，以满足学生的不同学习需求。这种个性化的学习支持可以提高学生的学习效果和学习满意度，同时也培养了他们的自主学习能力。通过评价学生学习能力的方法，教师可以不断了解学生的学习成长和进步，为他们提供持续的学习指导和反馈。这种持续的学习支持可以帮助学生建立自信心和学习自觉性，促进他们的学习能力的持续提升。

二、任务设计

任务主题：利用多媒体设备与教学道具模拟超市购物、餐厅就餐的情境，让学生在活动的过程中遵守相对应情境的公共秩序。在超市购物的模拟情境中，学生可以通过使用多媒体设备展示超市场景、商品信息和价格等，同时搭配教学道具如购物篮、商品标签等，让学生扮演顾客的角色，了解购物的流程和规则。他们需要按照超市的秩序排队、选择商品、计算价格、支付货款等，从而培养他们的购物礼仪和公共秩序意识。在餐厅就餐的模拟情境中，学生可以通过多媒体设备展示餐厅环境、菜单和点餐方式等，同时配备教学道具如餐桌、餐具等，让学生扮演顾客和服务员的角色，体验就餐的过程。他们需要学习如何有序入座、点餐、等待上菜、用餐礼仪等，培养他们的餐厅礼仪和公共秩序意识。通过这种模拟情境的教学活动，学生可以在实际操作中感受到公共秩序的重要性，并学会遵守相应情境下的规则和礼仪。教师可以通过观察学生的表现和参与度，及时给予指导和反馈，引导他们形成良好的公共秩序意识和行为习惯。

交流探讨：在日常生活中，碰到损害公共秩序的行为应该怎么办。

活动结束后，各个小组共同设计一份公共秩序提示单，并进行汇报。

三、制定道德与法治课项目式学习评价单

表7-1　道德与法治课项目式学习评价单

学生姓名：				
活动	项目过程评价	完成情况		
		好	中等	不好
超市购物	能否轻拿轻放，看完能否放回原处			
	能否做到不破坏货物包装			
	结账时能否排队依次结账			
餐厅就餐	能否做到衣冠整齐			
	能否做到入座礼让，不抢座			
	能否做到就餐时不大声说话			
交流探讨	能够主动表达自己的意见			
	能够补充别人的意见			
	能否表现出对不文明行为的自觉抵制			
	能否主动说出抵制不文明行为的方法			
公共秩序提示单	提示单分类清晰、条理清楚便于理解			
	汇报时能够清晰表达提示单的意义			
	汇报时能够清晰表达提示单的制作过程			

教学结束后，教师可以将道德与法治课项目式学习评价单（表7-1）发给学生及其家长，让他们共同填写。这样做可以让家长和学生参与评价过程，了解学生在项目学习中的表现和成长。评价结果可以被纳入学生成长记录手册，成为学生学习档案的一部分。基于评价结果，教师可以与家长进行分享和沟通。这样的交流可以让家长了解学生的学习情况，共同讨论学生的优势和改进空间。教师可以与家长分享学生在项目学习中的成就和进步，同时也可以提供一些建议和指导，以帮助学生进一步提升学习能力。此外，学校也可以组织项目式学习的交流讨论，让教师之间互相分享经验和教学成果。这样的交流可以促进教师之间的合作和学习，共同提高项目式学习的质量和效果。同时，教师也可以通过这样的交流讨论对自身的教学理念、方式和方法进行反思和改进，不断提升自己的教学能力。总之，通过将评价结果纳入学生成长记录手册，

与家长进行分享沟通，以及在学校开展交流讨论，教师可以全面了解学生的学习情况，提供个性化的支持和指导，并不断改进自身的教学方式，促进学生的成长和发展。

四、本章小结

本章深入探讨了小学道德与法治课项目式学习的评价方法和教学策略，强调了评价在促进教学和学生全面发展中的关键作用。具体包括以下几个方面。

在评价目标方面，依据新课标要求，评价目标应涵盖学生的知识技能、情感态度、价值观等方面的全面发展。在小学道德与法治课的项目式学习中，评价目标是多维度的，旨在全面促进学生的综合素养发展。评价目标首先关注学生的情感态度和价值观念，包括对道德与法治问题的情感反应、喜爱或厌恶、兴趣和关注程度。通过观察学生在课堂上的情感表达、参与讨论与互动，以及反思与写作活动中的表现，可以评估他们的情感态度。此外，通过问卷调查、讨论与辩论、作品展示等方法，可以了解学生对公平正义、人权尊重、社会责任等价值观念的认同程度。评价目标还包括学生的道德意识、道德判断和道德行为。教师可以通过观察学生的日常行为、参与讨论与互动，以及问卷调查等方法，全面了解学生在道德与法治领域的发展和成长情况。评价学生的道德判断和决策能力，需要采用情境分析和伦理讨论等方法，观察学生在面对道德情境时的思考过程和决策依据。此外，评价学生的道德行为，如尊重、关爱、公正和诚实等，有助于了解他们是否能够积极践行道德价值观。学习态度也是评价目标的重要组成部分，涉及学生对学习内容、学习过程和学习任务的态度和情感反应。评价学生的学习兴趣、动机和策略，可以帮助教师了解学生的投入程度、学习动机和学习方法的有效性。通过观察记录、学习日志、问卷调查等方法，教师可以全面了解学生在项目式学习中的学习态度，并及时给予指导和反馈。最后，评价目标关注学生的学习能力，包括知识获取与理解、解决问题与深入思考、创新与应用能力。这些能力的评价可以通过项目成果评估、作品展示、实际情景模拟等方法进行。评价学生的学习能力有助于教师了解学生的学习表现和潜力，从而提供个性化的学习支持，促进学生学习能力的持续提升。综上所述，小学道德与法治课项目式学习的评价目标旨在通过综合评价学生的情感态度、价值观念、道德意识、道德判断、道德行为、学习态度和学习能力，以促进学生在道德与法治领域的全面发展。教师可以根据评价结果进行有针对性的指导和引导，帮助学生提升综合素养，培养他们成为具有正确道德观念和积极情感态度的公民。

在评价内容方面，评价内容是多维度的，旨在全面考查学生在情感态度、价值观念、道德意识、道德判断、道德行为、学习态度和学习能力等方面的表现。首先，评价内容涵盖了学生的情感态度，即学生对道德与法治问题的情感反应，如喜爱、厌恶、兴趣和关注等。通过观察学生在课堂上的情感表达、参与讨论与互动，以及反思与写作活动中的表现，可以评估他们的情感态度。此外，评价内容也包括学生的价值观念，即对公平正义、人权尊重、社会责任等价值的认同程度。这可以通过问卷调查、讨论与辩论、作品展示等方法进行评估。其次，评价内容关注学生的道德意识、道德判断和道德行为。道德意识的评价通过观察学生的情感表达和日常行为，了解他们对道德与法治问题的情感投入程度和价值取向。道德判断的评价则通过情境分析和伦理讨论，观察学生的思考过程和决策依据。道德行为的评价则侧重于学生在实际行动中的表现，如尊重、关爱、公正和诚实等方面。再次，评价内容还包括学生的学习态度和学习能力。学习态度的评价着重于学生的参与度、兴趣、动机和学习策略，而学习能力的评价则关注学生的知识获取与理解、解决问题与深入思考、创新与应用能力。这些能力可以通过项目成果评估、作品展示、实际情景模拟等方法进行评价。最后，评价内容的设定旨在通过综合运用观察、问卷调查、讨论、辩论、作品展示、项目成果评估等多种评价方法，全面了解学生在项目式学习中的表现和成长，为教师提供有针对性的反馈和指导，推动学生的全面发展。综上所述，小学道德与法治课项目式学习的评价内容广泛，不仅关注学生的道德情感和行为表现，也重视学生的学习过程和能力发展。通过这种全面的评价体系，可以更好地促进学生在道德与法治领域的深入理解和实践应用，培养他们成为具有责任感和道德意识的公民。

在评价方法方面，在小学道德与法治课的项目式学习中，评价方法的论述强调了多样化和综合性，旨在全面了解学生的学习情况，并促进他们的全面发展。以下是文中提到的评价方法的总结：首先，观察法是评价中的关键组成部分。通过观察学生在课堂上的参与度、互动情况以及在项目实施过程中的行为表现，教师可以了解学生的学习态度、协作能力、解决问题能力以及对道德与法治观念的理解和应用。这种直观的评价方式可以帮助教师及时提供反馈和指导，促进学生的个性化发展。其次，作业法通过检查和评价学生在项目式学习中完成的任务、报告和项目结果汇报，可以反映学生对知识的理解和应用能力。作业评价展示了学生分析问题、提出解决方案以及执行方案的能力，使教师能够全面了解学生的表现和能力发展。第三，测试法提供了了解学生对道德与法治知识掌握的直观方式。纸笔测试可以反映学生的记忆和理解程度，同时需要注意其优势和局限性。虽然测试法能够提供客观的评价结果，但也可能存在应试倾向，因此应与其他评价方法结合使用。最后，多元化评价方式的引入，包括教师、同学和家长的参与，可以增加评价的全面性和客观性。同学间的互评可以促进互动和合作，家长的参与则可以提供学生在不同环境中的表现反馈，加深家校合作。此外，文中还提出了创新评价思路和方法的建议，如通过模拟情境和任务设计来评价学生的实际操作能力，以及制定具体的项目式学习评价单，让学生、家长和教师共同参与评价过程。这些方法不仅可以激发学生的学习兴趣和自主性，还可以提供持续的学习支持，帮助学生建立自信心和学习自觉性。综上所述，小学道德与法治课项目式学习的评价方法应综合运用观察、作业、测试以及多元化评价，以全面、客观地反映学生的学习情况，促进其在道德与法治领域的深入理解和实践应用。教师应根据评价结果调整教学策略，提供个性化的学习支持，以满足学生的不同学习需求，促进他们的持续发展。

在评价过程方面，评价过程是全面且多维度的，旨在深入了解学生的各方面表现，并促进其全面发展。评价过程不仅关注学生的知识掌握程度，还特别强调学生在项目学习中的过程性和结果性表现。首先，评价过程强调了观察的重要性。教师通过观察学生在课堂上的参与度、互动情况以及在项目实施中的行为表现，了解学生的学习态度、协作能力、解决问题能力以及对道德与法治观念的理解和应用。这种观察可以帮助教师获得直观的评价信息，并有针对性地提供反馈和指导。其次，评价过程包括了多样化的评价方法。除了观察法，还有作业法和测试法。作业法通过检查和评价学生在项目中的个人或小组报告，了解学生对知识的理解和应用能力。测试法则通过纸笔测试直接反映学生对道德与法治知识的记忆和理解程度。这些方法的结合使用，可以全面了解学生的学习情况，确保评价结果的客观性和公正性。此外，评价过程注重学生的自主性和创造性。鼓励学生在项目学习中拥有一定的自主选择权，根据自己的兴趣和能力确定学习方向和方法。评价应关注学生的自主学习能力，包括问题提出、解决方案设计、资源获取和团队合作等方面的表现，并鼓励学生的创造性思维。最后，评价过程还强调了反馈和指导的重要性。教师通过观察和记录学生的表现，提供及时的反馈，帮助学生不断改进和成长。同时，评价结果应与家长和学生共享，让家长参与评价过程，了解学生在项目学习中的表现和成长，共同讨论学生的优势和改进空间。综上所述，小学道德与法治课项目式学习的评价过程是一个综合运用多种评价方法、注重学生个性化发展和家校合作的过程。通过这一过程，教师可以全面了解学生的学习情况，提供有针对性的指导和支持，促进学生的全面发展。

第八章　结论与展望

第一节　基于核心素养的小学道德与法治项目式学习探究结论

本节通过研究项目式学习与小学道德与法治课的结合，探讨了项目式学习在培育学科核心素养方面的重要价值。研究结果表明，项目式学习能够有效地将理论知识与实践应用相结合，促进学生的学科核心素养的培养。项目式学习是一种基于实践的学习方法，通过与实际生活紧密相连的课题和项目，鼓励学生主动探索、实践和创新。与传统的讲授式教学不同，项目式学习强调学生的主体性和实践性，让学生在实践中学习知识、掌握技能、培养情感态度和价值观。小学道德与法治课程是一门重要的学科，旨在培养学生的道德观念、法治意识和社会责任感。在传统的讲授式教学中，学生往往只是被动地接受知识，缺乏实践和体验的机会，难以真正理解道德与法治的重要性。而项目式学习能够将理论知识与实践应用相结合，让学生在实践中体验和理解道德与法治的知识和价值观，更好地促进学生的学科核心素养的培养。

在项目式学习中，学生需要以小组为单位，合作完成一个与实际生活相关的项目。在项目的设计和实施过程中，学生需要运用所学知识，发挥实践能力和创新能力，解决问题并完成项目。通过这种方式，学生不仅能够深入理解道德与法治的知识和价值观，还能够培养团队合作、组织规划、深入探索思维和解决问题的能力。此外，项目式学习还注重学生的自我反思和自我评价。在项目的实施过程中，学生需要不断地反思自己的表现和不足，并制订改进计划。这种自我反思和自我评价的过程能够帮助学生更好地认识自己，提高自己的学习能力和自我管理能力。总之，项目式学习与小学道德与法治课的结合能够有效促进学生的学科核心素养的培养。通过将理论知识与实践应用相结合，项目式学习能够让学生在实践中体验和理解道德与法治的知识和价值观，培养团队合作、组织规划、深入探索思维和解决问题的能力，并提高自我认识和自我管理能力。因此，教师应积极探索将项目式学习融入小学道德与法治课程中，以更好地培养学生的学科核心素养。以下进行详细论述。

一、将红色文化和中华优秀传统文化融入小学道德与法治课项目式学习

红色文化和中华优秀传统文化包含爱国主义和集体主义思想，对培养学生社会主义核心价值观有重要意义，红色文化和中华优秀传统文化是我国重要的文化资源，革命英雄的先进事迹能够激发学生的崇敬之情，传统的儒家思想能够帮助学生树立正确的三观，开展以红色文化和中华优秀传统文化为主题的项目式学习能够有效培养学生的家国情怀、提高学生的文化自信，培育学生的爱国主义精神，使学生在面对不良价值观的文化冲击时，始终坚守社会主义核心价值观等主流思想，为其将来成为社会主义建设者和接班人有着积极作用。在道德与法治课上开发红色文化和中华优秀传统文化作为教学资源不仅有助于学生了解和传承我国丰富的历史文化，同时也能够培养学生的道德观念和法治意识。首先，红色文化作为中华民族的宝贵财富，包含了无数优秀的道德品质和奋斗精神。将红色文化融入道德与法治课堂，可以通过讲述革命先烈的英勇事迹，激发学生的爱国情怀和社会责任感。这有助于引导学生树立

正确的价值观念，崇尚真善美，追求公平正义。其次，中华优秀传统文化作为中华民族五千年文明的精髓，包含了丰富的道德和法治观念。以孔子、老子等伟大思想家的哲学思想为基础，教育学生修养性情，学会如何与他人和谐相处，体会孝道、仁爱等传统美德的重要性。此外，通过中华优秀传统文化的学习，学生可以了解古代法律制度及其在社会治理中的作用，进一步加深他们对法治的理解和认同。最后，开发红色文化和中华优秀传统文化作为教学资源，将使道德与法治课具有更强的现实意义和生活化特点。通过将历史文化融入教学中，可以帮助学生理解它们在当代社会中的重要性。学生理解到道德与法治不仅仅是抽象的概念，而是与他们的生活息息相关，关系到社会的和谐稳定和个人的幸福与成长。

总结来说，开发红色文化和中华优秀传统文化作为道德与法治课的教学资源，将有助于培养学生正确的价值观念和法治意识，弘扬中华民族的优秀传统文化，同时也使得道德与法治课更具实践性和现实性。

二、基于社会实践主题的小学道德与法治课项目式学习的教学设计

基于社会实践主题的项目式学习，通过开展社会实践活动，将学生置于实践和社会环境中，选择与学生生活经验相关的社会实践主题，能够让学生对所学的道德与法治的知识有更深的体验，使其能够将道德与法治的理论与实际生活相结合。在基于社会实践主题的小学道德与法治课教学过程中，将学生置于实践和社会环境中，选择与学生生活经验相关的社会实践主题，如环境保护、助人为乐、公民责任等，让他们成为学习的主体，将实践活动应用于道德与法治课可以培养学生的道德与法治素养创新思维、解决问题的能力、团队合作和沟通能力。

道德和法治素养。道德与法治课程旨在培养学生的道德素养，使其具备正确的道德观念、价值观和行为准则。实践活动提供了一种实践道德的机会，让学生在真实的情境中面对道德困境和挑战。通过实践中的

亲身经历和反思，学生能够深入理解道德原则，并将其应用于实践中，培养出强大的道德判断力和决策能力。道德与法治课程还旨在培养学生的法治素养，使其了解法律的基本原理、规则和价值，能够在社会生活中遵守法律并维护正义。实践活动提供了学习法治的机会，让学生参与到法律实践中，了解法律的适用和实施过程，加深对法律的理解和认识。通过实践活动，学生能够养成遵守法律的意识和素养，学会依法行事，并学会通过法治手段解决问题和维护自己的权益。

创新思维。实践活动可以激发学生的创新思维。通过参与实践项目，学生将面临各种现实问题和挑战，需要运用创造性的思维寻找解决方案。实践活动培养学生的观察力、分析力和创造力，让他们能够灵活应对各种情境，并提出新颖的解决方案。

解决问题的能力。实践活动培养学生解决问题的能力。道德与法治课程以团队合作的方式组织实践活动，让学生通过与他人合作解决问题，启发学生相互合作、理解和尊重他人的重要性。这种实践活动锻炼了学生的合作意识、团队协作能力和沟通技巧，为他们未来面对复杂社会问题时能够更好地与他人协作和沟通提供了基础。在实践中，学生将遇到各种实际问题，需要运用道德与法治的知识和原则来分析和解决问题。通过实际操作和实践经验，学生能够培养解决问题的技巧和方法，提高解决问题的能力，并培养他们的深入探索思维和判断能力。

团队合作。实践活动强调团队合作。在社会实践中，学生通常需要与他人合作，共同完成任务或解决问题。这种合作过程中，学生需要学会倾听他人意见、尊重他人观点、协商和合作，培养团队意识和合作能力。通过实践活动，学生学会与他人合作，促进彼此的成长和发展。

沟通能力。实践活动有助于培养学生的沟通能力。在实践过程中，学生需要与不同的人进行沟通和交流，表达自己的观点、理解他人的意见，并协调团队的行动。通过实践活动，学生能够提高口头和书面表达能力，学会有效沟通，增强人际交往能力。

总的来说，将实践活动应用于道德与法治课程可以帮助学生培养创新思维、解决问题的能力、团队合作和沟通能力。这些能力在现实生活中至关重要，能够帮助学生更好地适应社会的发展，并为他们的学习生活和职业发展打下良好的基础。

三、基于信息技术的小学道德与法治课项目式学习

基于信息技术的小学道德与法治课项目式学习充分响应了国家坚持信息技术与教育教学深度融合的核心理念的号召，教师运用信息技术进行教学资源的开发、课程的导入、项目的设计，运用信息技术能够有效提升教学效果，培养学生的自主学习能力和解决问题的能力，也能够激发学生的学习兴趣，使学习更加主动和积极，书中对增强学生学习兴趣、提高学习效果、培养学生的核心素养进行详细论述。

增强学生学习兴趣。信息技术为学生提供了多样化、丰富的学习体验，从而增强了学生对道德与法治课程的学习兴趣。通过利用电子教具、互联网资源和教育应用软件等，可以设计生动有趣的课堂活动，如互动课件、教育游戏、在线讨论平台等，激发学生的好奇心和参与度。学生可以通过多媒体展示、在线互动等方式，以更生动的形式学习道德与法治知识，提高学习的主动性和积极性。

提高学习效果。信息技术的应用能够提高学生对道德与法治课程的学习效果。通过多媒体展示和互动讨论，信息技术可以将抽象的概念和规则以形象、生动的方式呈现给学生，有助于学生更好地理解和记忆。此外，信息资源的丰富可使学生获取更广泛、更深入的信息，提升他们的研究能力和批判思维。通过信息技术的协助，学生可以进行自主学习、个性化学习，提高学习效果和学习成果的质量。

培养学生的核心素养。信息技术的应用有助于培养学生的核心素养，包括创新思维、解决问题能力、合作与沟通能力等。教师通过信息技

术，在道德与法治课程中可以为学生提供情景模拟、案例研究、团队合作项目等实践机会。学生可以通过创造性地运用信息技术工具和资源，解决问题与挑战，培养创新思维和解决问题的能力。同时，利用在线平台和协作工具，学生能够进行合作学习、团队协作，培养团队合作和沟通能力，增强自身的协作精神和领导能力。

四、小学道德与法治课项目式学习的作业设计

小学道德与法治课项目式学习作业设计的必要性体现在有利于培养学生的核心素养、丰富作业内容、提升教师专业知识和落实教学目标。这种学习方式不仅有助于学生的发展，也能够提升教师的教学效果，为培养社会主义核心价值观和法治素质的小学生提供更好的教育环境。作业在小学道德与法治课项目式学习中起到了重要的关键作用。通过作业，教师可以巩固课堂所讲授的知识点，帮助学生进行知识的巩固和复习。作业可以促使学生主动参与学习过程，通过独立思考、查找资料和解决问题等方式，加深对知识的理解和掌握。作业的设计可以针对不同的学习目标，提供不同类型的任务和问题，激发学生的学习兴趣和主动性。

作业还能够巩固教学效果，帮助学生将课堂上学到的知识转化为实际应用能力。通过作业，学生有机会将课堂所学的道德法治知识运用到具体的情境和问题中，提升他们的实践能力和综合素质。作业可以通过设计练习题、案例分析、模拟情境等方式，让学生进一步思考和运用所学的知识，巩固他们的学习成果。作业也可以帮助学生将抽象的道德法治知识转化为实际操作和行为。通过实际操作的过程，学生可以更加深入地理解道德法治原则的内涵，加深对知识的记忆。例如，通过参与模拟法庭辩论活动或制定社区公约等实践活动，学生可以更加直观地理解法治原则和道德规范的应用，提升他们的学习效果。

实践活动作业也有助于强化学生对道德法治课知识的情感体验，实践作业是项目式学习中的重要组成部分。通过实践作业，学生有机会参与到真实的社会实践中，体验道德法治知识对社会生活和自我发展的影响。也可以促进学生的综合素质的培养。在实践活动中，学生往往需要运用道德法治知识解决实际问题，培养自主思考、合作沟通、创新解决问题的能力，这些综合素质的培养将有助于学生综合运用道德法治知识，提升他们的学习效果和实践能力，通过实践活动，学生能够深入感受和理解道德法治知识在实际情境中的应用，增强他们对道德法治的情感体验和认同感。

在提升教学效果方面，项目式作业通过情感体验和亲身参与，培养学生积极的价值观。通过实践活动，学生能够更深刻地感受到道德价值和法治原则对个人和社会的重要性，加深他们的情感体验。这样的情感体验将有助于学生形成积极的价值观，树立正确的道德和法治观念。

总之，小学道德与法治课项目式学习的作业设计将以创新理念为基础，优化作业设计内容，引入多元化的作业设计主体和类型，以培养学生的创新能力、综合素养和合作精神。这种趋势将使作业设计更加与学生实际需求和未来社会要求相匹配，促进学生的全面发展。

五、基于跨学科理念的小学道德与法治课项目式学习

基于跨学科理念的小学道德与法治课项目式学习是一种创新的教学方式，它打破了传统学科边界，将道德与法治课程与多学科知识相结合，为学生提供更加丰富、多元的学习体验。这种项目式学习方式不仅可以促进学生对道德与法治知识的深入理解，同时也可以培养他们的跨学科思维能力，提高解决问题的能力。

在这种学习模式下，学生需要完成一个与道德与法治相关的大型项目，这个项目需要他们综合运用多学科知识和技能。例如，一个关于环境保护的项目可能会涉及自然科学、社会科学、历史、语文等多个学

科，学生需要整合这些知识，提出解决问题的方案。通过这种方式，学生不仅能够深入理解道德与法治的知识和价值观，还能够培养跨学科思维能力和解决问题的能力。

项目式教学通过提供实践性问题情境，激发学生主动思考和解决问题的能力，培养了他们的解决问题能力和实践能力。学生在项目中面临真实的问题和挑战，需要运用所学知识和技能，积极探索解决方案。这种主动参与和思考的过程，不仅提高了学生的学习效果，还培养了他们的深入探索思维、创新思维和合作精神。

通过项目式教学，学生不再被动地接受知识，而是成为学习的主体。他们通过实践性问题情境的探索和实践，不断积累经验和改进方法，培养了解决问题的能力和实践能力。这种能力的培养不仅对学生当前的学习有益，还为他们的未来发展奠定了坚实的基础。

项目式教学强调学生的主动性和参与度，鼓励他们在实践中探索、发现和创造。这种学习方式培养了学生的自主学习能力和自我管理能力，使他们具备了适应未来社会和职场需求的能力。学生在项目中不仅学习知识和技能，还培养了解决问题、合作与沟通、创新和批判思维等综合能力，为他们的未来发展打下了坚实的基础。

总之，基于跨学科理念的小学道德与法治课项目式学习是一种创新的教学方式，它通过将道德与法治课程与多学科知识相结合，为学生提供更加丰富、多元的学习体验。这种学习方式不仅可以促进学生对道德与法治知识的深入理解，同时也可以培养他们的跨学科思维能力、实践能力和解决问题的能力。因此，教师应该积极探索将这种学习方式融入到小学道德与法治课程中，以更好地培养学生的综合素质和能力。

六、小学道德与法治课项目式学习的学习评价

小学道德与法治课项目式学习的学习评价涉及学生的学习态度、过程表现、学业成就等多方面，基于新课标要求，教师在进行项目式教学时需要结合项目式学习的特点充分发挥以评促教、以评促学、以评育人

的功能。确定项目式学习目标，结合新课标中评价建议中的评价方法内容，采用多种评价方法，如观察、学生家长访谈、学生课堂表现、作业和纸笔测试等，并采用丰富评价主体的方式，综合对学生在学习中的表现进行观察和评价。具体包括确定学习评价目标和评价方法。

确定学习评价目标。确定学习评价目标能够明确教学的目标和学习的重点，为学生提供明确的学习方向。在道德法治课中，学习目标可以涵盖知识掌握、道德情感和价值观培养等方面。通过明确的学习目标，可以引导学生在学习过程中有所侧重，有针对性地进行学习。确定学习评价目标也有助于评估学生的学习成果，了解他们在道德法治课上的掌握程度。通过评价学习成果，可以及时发现学生的优点和不足，为进一步的教学提供参考。同时，确定学习评价目标还能激励学生，让他们有明确的目标和动力去努力学习，提高学习效果。

确定学习评价方法。道德法治课强调培养学生的道德情感、价值观和实践能力，因此，评价方法应该多样化，能够全面评估学生的学习成果。除了传统的笔试和口头答辩等方式，还可以采用观察记录、实践作业、小组合作评价等方法。多样化的评价方法能够更好地反映学生的全面发展情况。学习评价方法应该能够及时向学生反馈学习的成果，给予积极的肯定和指导。在道德法治课中，学生的道德情感和行为需要及时的指导与引导，通过评价方法可以发现学生的进步和困难，并及时给予正面的鼓励和指导，帮助他们更好地发展和成长。将合理的项目式学习评价融入小学道德与法治课能够提升教学质量和学生的学习成效，对学生的学科核心素养培育具有积极影响，能够塑造学生的正确三观以及培育学生的核心素养。

第二节　基于核心素养的小学道德与法治项目式学习未来展望

一、将红色文化和中华优秀传统文化融入小学道德与法治课项目式学习

在道德与法治课程中，开发红色文化和中华优秀传统文化是一个重要的教学内容，也是提升学生爱国主义情感和文化自信的重要途径。以下从教学资源开发、教学项目式设计、培养学生的爱国主义情怀和提升文化自信这四个方面进行详细阐述。

教学资源开发。为了展现红色文化和中华优秀传统文化在道德与法治课程中的重要性，需要开发丰富多样的教学资源。这可以包括红色文化和中华优秀传统文化的文献资料、图书、影像资料、音频资料等。优质的教学资源能够给学生提供更深入的了解与感受，增强他们对红色文化和中华优秀传统文化的认同和理解。

教学项目式设计。通过项目式教学设计，学生能够深入参与到涉及红色文化和中华优秀传统文化的实践活动中。例如，学生可以通过深入研究红色革命历史，展开红色地标文化传承保护项目，组织召开模拟法庭来研究中华优秀传统文化对于法治的影响等。这样的项目化设计能够激发学生的学习兴趣和主动性，提高他们的实践能力和综合素质。

培养学生的爱国主义情怀。红色文化弘扬爱国主义精神，中华优秀传统文化蕴含着民族精神与传统美德。通过学习这些文化，可以培养学生的爱国情怀和文化自觉。例如，通过研究红色文化的英雄人物、革命精神，培养学生爱国主义情怀和社会主义核心价值观。同时，中华优秀传统文化的传承和弘扬使学生能够从中汲取传统美德、道德规范，提高自身的道德修养。

提升文化自信。在全球化的今天，提升学生的文化自信是非常重要的。通过学习红色文化和中华优秀传统文化，学生能够对自己的文化身份有更多的认同和自信。教育应该重视培养学生的文化认同感，鼓励他们充分发挥自身文化优势，建立起自豪感和自尊心。

综上所述，开发红色文化和中华优秀传统文化在道德与法治课程中有许多展望。通过教学资源开发、教学项目式设计，培养学生的爱国主义情怀，提升文化自信，可以促进学生对红色文化和中华优秀传统文化的了解与认同，让他们从中汲取更多的道德价值观和民族精神，培养全面发展的公民意识和文化自信心。

二、基于社会实践主题的小学道德与法治课项目式学习的教学设计

将社会实践应用于道德与法治课是目前小学道德与法治课项目式学习的重要手段之一。其发展方向如下。

强调实践导向。传统的道德与法治课程注重理论知识的传授，而现在的趋势将更加强调实践导向。通过社会实践，学生可以亲身体验道德和法律在实际生活中的应用，更好地理解和掌握相关概念和原则。

多元化的实践形式。社会实践的形式将更加多元化，涵盖社区服务、环境保护、志愿者活动、模拟法庭等各种实践项目。这些项目将帮助学生从不同的角度了解社会问题，培养他们的道德判断能力和解决问题的能力。

跨学科融合。将社会实践与其他学科融合起来，形成跨学科的教学模式。例如，在历史课程中引入社会实践，让学生通过参观纪念馆、听取亲历者的经历等方式，深入了解历史事件对道德和法治的影响。这样的跨学科融合可以增强学生对道德与法治的理解和认识。

运用信息技术。借助信息技术手段，如虚拟现实、在线模拟平台等，来模拟真实的道德与法治案例，提供互动体验和实践机会。这样可以扩大学生的实践范围，加深他们对道德与法治的认识，并提供更灵活的学习方式。

注重社会参与。社会实践不仅仅是学生的学习活动，也是社会参与的机会。学校可以与社会组织、企业等合作，组织学生参与社会实践项目，通过与社会互动，学生能够更好地理解社会问题，培养社会责任感和公民意识。

三、基于信息技术的小学道德与法治课项目式学习

将信息技术应用于小学道德与法治课程具有广阔的前景，对教师开展信息技术培训、教材资源开发、教学情境导入、教学项目设计方面都能有极大的提升。

在对教师开展信息技术培训方面。教师是信息技术在课堂中的关键推动者。为了有效地应用信息技术，需要对教师进行相关培训，提高他们运用信息技术的能力和教学设计的水平。培训内容可以包括基本的信息技术知识和技能，如电子教具的使用、多媒体资源的开发等，同时还应关注教师如何将信息技术与道德与法治课程的教育目标和内容有效融合。

在教材资源开发方面。信息技术为教材资源的开发和使用提供了丰富的机会。教师可以通过制作电子课件、使用教育应用软件、借助互联网等方式，创造丰富多样的教学资源。以小学道德与法治课为例，可以开发交互式的教学游戏、模拟案例、互动讨论平台等，以激发学生的学习兴趣和参与度。

在教学情境导入方面。利用信息技术可以为道德与法治课程创造更真实的教学情境。通过虚拟现实、在线模拟平台等技术，学生可以身临其境地体验并参与道德和法律问题的决策和解决过程。这种情境导入不仅增强了学生的学习体验，还培养了他们的观察力、分析力和判断力。

在教学项目设计方面。信息技术可以为小学道德与法治课程设计丰富多样的教学项目。例如，学生可以利用信息技术工具制作道德题材的短片或漫画，表达自己对道德和法治问题的理解和观点。同时，教师可以设计互动式的作业和项目，激发学生的合作和创新能力，如通过在线

平台开展模拟情境、模拟辩论等活动。

四、小学道德与法治课项目式学习的作业设计

根据前文提到的小学道德与法治课项目式学习项目式作业设计的优化策略，未来可以从以下几个方面进行展望。

创新作业设计理念。未来的作业设计将更加注重培养学生的创新思维和创造力。作业设计将鼓励学生提出自己的观点和解决方案，培养他们的解决问题能力和批判思维。例如，学生可以设计一个社会公益项目，提出创新的解决方案，以解决道德与法治领域的现实问题。

优化作业设计内容。未来的作业设计将更加贴近学生的实际生活和兴趣。作业设计将关注社会问题、道德伦理议题以及创新实践。例如，学生可以设计一个社区环保行动计划，调研环境污染问题并提出解决方案，从而培养他们的环保意识和社会责任感。

多元化作业设计主体。未来的作业设计将鼓励家长、学生和教师共同参与。家长将更加积极参与作业设计的过程，与教师一同制定和评价作业内容。这种多元化的参与可以增强家校合作，促进学生全面发展。

多元化作业设计类型。未来的作业设计将采用更多样化的形式和类型。除了传统的书面作业，还可以包括口头报告、实际调研、小组项目、多媒体展示等。这样的多元化作业类型可以满足学生不同的学习风格和能力需求，激发他们的学习兴趣和积极性。

五、小学道德与法治课项目式学习的学习评价

在未来，对于小学道德与法治课项目式学习的学习评价，可以进一步展望和创新学习评价目标和方法，以适应社会变革和学生展望的需求。以下是对学习评价目标和方法未来展望。

培养创新思维和解决问题能力。学习评价目标可以更加注重培养学生的创新思维和解决问题能力。通过项目式作业设计，道德与法治课程可以培养学生的独立思考和创新意识，同时也可以更加关注学生的创新

能力和解决实际问题的实践能力。未来的学习评价目标可以更加注重学生的创新思维和解决问题能力，例如，通过设计具有挑战性的实际问题，让学生在完成作业的过程中，运用所学知识，发挥创新能力，解决实际问题。此外，教师还可以通过观察学生的实际操作过程，了解学生的学习情况和进步情况，从而更加客观地评价学生的学习成果。

展望跨文化素养和国际视野。学习评价目标可以重视培养学生的跨文化素养和国际视野。通过项目式作业设计，道德与法治课程可以培养学生的跨文化交流和合作能力，同时也可以关注学生对不同文化背景和国际事务的理解和应对能力。未来的评价目标可以更加关注学生的跨文化素养和国际视野，例如通过设计涉及不同文化背景的项目，让学生在完成作业的过程中，了解不同文化的特点和文化差异，培养跨文化交流和合作的能力。此外，教师还可以通过观察学生的实际操作过程，了解学生对不同文化背景和国际事务的理解和应对情况，从而更加客观地评价学生的学习成果。

利用信息技术手段进行评价。未来，学习评价方法可以更多地利用技术手段进行评价。通过利用信息技术手段，例如在线平台、虚拟实验室和模拟场景等，可以更好地模拟实际情境，评估学生的道德决策和实践能力。同时，技术手段还可以为学生提供更多的学习机会和反馈，提升学习评价的效果与质量。例如，利用大数据和人工智能技术，可以对学生的学习行为和成绩进行分析，从而更加准确地评估学生的学习成果。此外，利用信息技术手段进行评价还可以实现更加多样化的评价方式，例如通过学生作品展示、讨论和表演等方式，更加全面地展现学生的学习成果和特长。

强调综合能力评价。未来的学习评价方法可以更加强调综合能力评价。通过项目式作业设计，道德与法治课程可以更加注重学生道德情感、价值观和实践能力的综合培养，同时也可以更加注重学生这些能力的综合评价。未来的评价方法可以采取多种评价方式和工具，例如学生作品展示、讨论、表演等，全面评估学生的综合能力，帮助他们展望和全面成长。此外，教师还可以通过观察学生的实际操作过程，了解学生的个性特点和优势，从而更加客观地评价学生的学习成果，发掘学生的潜力和特长。

总之，展望未来，将社会实践应用于道德与法治课程将成为一种趋势。通过实践，学生可以直接参与实际情境，培养和实践道德品质和法治观念，提高他们的道德与法治素养，为构建和谐社会作出贡献。

六、结语

本书深入探讨了项目式学习在小学道德与法治教育中的应用，强调了这种教学模式在培养学生核心素养方面的重要性。通过项目式学习，学生能够在实践中深化对道德与法治知识的理解，提升综合素质，培养创新思维和团队合作能力。

其次，书中结合了红色文化和传统文化的元素，将其融入到项目式学习中，不仅丰富了教学内容，也加深了学生对社会主义核心价值观的认识和理解。通过这样的教学实践，学生能够更好地将传统美德与现代法治观念相结合，形成正确的世界观、人生观和价值观。

再次，本书对基于社会实践主题和信息技术的小学道德与法治课项目式学习进行了详细的论述。通过社会实践活动，学生能够将理论知识应用于现实生活，提高社会责任感和法治意识。信息技术的应用则为教学提供了更多样化的手段和更广阔的平台，激发了学生的学习兴趣，提高了教学效果。

此外，书中还对跨学科理念在小学道德与法治课项目式学习中的应用进行了探讨，强调了跨学科学习在培养学生综合思维和解决问题能力方面的作用。

最后，本书对项目式学习的作业设计和学习评价进行了深入分析，提出了优化策略，以期更好地实现教学目标，促进学生的全面发展。

展望未来，我们期待项目式学习能够在小学道德与法治教育中得到更广泛的应用和发展。我们相信，通过不断的实践和探索，项目式学习将能够为学生的终身学习和全面发展奠定坚实的基础。同时，我们也期待教育者、学者和政策制定者能够共同努力，不断优化和创新教学方法，为培养具有社会责任感、创新精神和实践能力的下一代贡献力量。同时随着教育改革的不断深入，我们期待本书能为小学道德与法治教育的实践者提供有益的参考和启示，共同推动教育的进步与创新。让我们一起携手，为孩子们的未来和国家的发展贡献智慧和力量。

参考文献

[1]闫云霞.项目式学习在高中思想政治课中的应用研究[D].天津：天津师范大学,2022.

[2]李雪洋.高中思想政治课项目式学习研究[D].上海：上海师范大学,2021.

[3]沈壮海.新编思想政治教育学原理[M].北京：中国人民大学出版社,2022.

[4]祁彧.项目式学习教学设计与案例[M].北京：中国人民大学出版社,2022.

[5]黄毅.项目式学习在社会学课程教学中运用的探究[J].四川省干部函授学院学报,2016（03）：112–114.

[6]刘清华.现代教学论[M].北京：科学出版社,2020.

[7]胡田庚.新理念思想政治（品德）教学论：第3版[M].北京：北京大学出版社,2019.

[8]Ceh–Varela Edgar, Canto–Bonilla Carlos, Duni Dhimitrag. Applicationof Project–Based learning to a Software Engineering course in a hybridclass environment[j]. Information and Software Technology, 2023, 158.

[9]相红英.项目式学习在化学教学中的实践研究[J].化学教育（中英文）,2022，43（16）：61–64.

[10]周砚芳.项目式学习在小学信息技术教学中的应用[J].科技资讯,2020,18（13）：30–31.

[11]林素娟.项目式学习在小学数学教学中的应用[J].西部素质教育,2022,8（10）：193–195.

[12]刘晓卉.基于项目式学习的小学科学教学设计与实践研究[D].桂林广西师范大学,2020.

[13]黄艳红,初中物理项目式学习的实践与反思[J].教学与管理,2021（22）：70–72.

[14]任彭雨.项目式学习在初中信息技术课程中的应用探究[J].汉字文化,2020（11）：139–140.

[15]夏雪梅.从设计教学法到项目化学习：百年变迁重蹈覆辙还是涅槃重生?[J].中国教育学刊,2019（04）：57-62.

[16]郭华.项目学习的教育学意义[J].教育科学研究,2018（01）：25-31.

[17]王坚.项目化学习：社会实践活动的德育新境界[J].中国教育学刊,2018（06）：98-102.

[18]陈龙生.项目式学习在初中地理教学中的应用实践研究[J].华夏教师,2023（03）：57-59.

[19]毕丽娇.项目式学习在小学语文阅读教学中的应用[J].科教文汇（中旬刊）,2020（08）：113-114.

[20]胡满姣,徐卫平.基于项目化学习的道德与法治主题活动研究[J].中小学德育,2019（07）：43-46.

[21]夏惠贤.多元智力理论与项目学习[J].全球教育展望,2002,31（09）：20-26.

[22]肖胜阳.在计算机课程教学中开展项目教学法的研究[J].电化教育研究,2003（10）：72-76.

[23]巢昌明.项目化学习：思政课铸魂育人的实践依托：以“疫情防控”为例[J].中学政治教学参考,2021：（15）：57-59.

[24]WittC M, Sandoe K,Dunlap Jc,etal.Exploring MBA student perceptions of theirpreparation and readiness for the profession after completing real-world industryprojects[J]. The International Journal of Management Education, 2019, 17（02）：214-225.

[25]Cummings C, Yur-Austin J. Design thinking and community impact：A case study ofproject-based learning in an MBA capstone course[J].Journal of Education forBusiness,2021（02）：126-132.

[26]胡红杏.项目式学习：培养学生核心素养的课堂教学活动[J].兰州大学学报（社会科学版）,2017,45（06）：165-172.

[27]丁婧.劳动教育理念下的信息技术项目学习设计[J].上海教育科研,2021（01）：22-26.

[28]贺慧,陈倩.大概念统整下的学科项目式学习设计[J].天津师范大学学报（基础教育版）,2021,22（01）：51-54.

[29]龚敏.理趣探寻：道德与法治项目式教学实践[J].小学教学参考,2023（03）：31-33.

[30]胡萍.关于小学道德与法治教学中项目化学习的应用探究[J].当代家庭教育,2020（25）：161.

[31]游宝良.项目式教学在道德与法治课堂中的运用刍探[J].成才之路,2022（29）：93-96.

[32]潘晓红,徐宝平.基于项目学习的道德与法治学习评价探索[J].小学教学研究,2021（35）：27-28.

[33]]刘宇文.项目式教学在初中《道德与法治》课程中的运用研究[D].广州：广州大学,2022.

[34]杨明全.核心素养时代的项目式学习：内涵重塑与价值重建[J].课程·教材·教法,2021,41（02）：57-63.

[35]潘洪建."学习共同体"相关概念辨析[J].教育科学研究,2023（8）：12-16.

[36]张靖.案例引导式项目教学法在高职统计学教学中的应用[J].中国统计,2010（05）：52-53.

[37]陈鹰.依托模块的项目学习设计策略与实践[J].上海教育科研,2017（05）：59-61.

[38]张瑞晓.项目化学习：缘起简史、发展模式及应用价值[J].基础教育论坛,2020（24）：4-6.

[39]高巍,高艳.项目式学习：劳动教育实施的创新路径[J].教师教育学报,2022,9（02）：85-92.

[40]马清梅.项目教学法在市场营销教学中的应用研究[J].教育理论与实践,2009,29（03）：61-63.